Ne t'abats pas, mon cœur !

Un guide pour devenir plus forte quand on a perdu son mari

Par :

**Mary Beth Woll,
titulaire d'une maîtrise
et conseillère agréée en santé mentale**

Linda Smith

Paul Meier, docteur en médecine

Mentions spéciales

En 2015, j'ai coécrit : « Growing Stronger: 12 Guidelines to Turn Your Darkest Hour into Your Greatest Victory » (Devenir plus forte : 12 recommandations pour transformer votre heure la plus sombre en votre plus grande victoire) avec Mary Beth Woll, thérapeute de la clinique Meier. Notre désir était d'offrir à l'Église un document qui puisse apporter espoir et aide aux femmes qui souffrent par suite de situations difficiles, de traumatismes, de dépression ou d'un deuil.

Quatre années plus tard seulement, Mary Beth a subi le plus grand traumatisme et le plus grand chagrin de sa vie lorsque Bob, son mari depuis 39 ans, lui a été brusquement retiré, la laissant veuve. Après un an et demi d'une existence dévastée par l'absence de Bob, Mary Beth a révisé et adapté « Growing Stronger » avec l'enseignante et mentor Linda Smith (également veuve) pour les besoins plus spécifiques des veuves.

En tant que fondateur de la chaîne nationale des cliniques Meier aux États-Unis, je recommande aux veuves l'étude en groupe ou individuelle de « **Ne t'abats pas, mon cœur !** », ouvrage écrit par deux femmes qui comprennent véritablement le veuvage et peuvent compatir.

Paul Meier, docteur en médecine
Fondateur de la chaîne nationale de cliniques
Meier aux États-Unis

« Je suis profondément préoccupée, depuis de nombreuses années, au sujet des veuves dont les maris exerçaient un ministère ! Qui s'occupe d'elles ? Qui les aide tout au long du processus ? Le 11 septembre 2019, je suis devenue veuve après 48 ans de mariage et j'ai réalisé combien il existait peu de ministères de soutien aux veuves. Je crois que le livre « **Ne t'abats pas, mon cœur !** » doit absolument être lu et utilisé comme feuille de route dans la « jungle inexplorée » que constitue le veuvage.

Aucun « accompagnant au veuvage » n'existait lorsque je me suis retrouvée veuve ; pendant neuf mois j'ai cheminé sans trouver d'aide jusqu'à ce que Mary Beth et Linda m'offrent leur soutien réconfortant. Je remercie grandement Dieu pour leur vie et pour leur soutien affectueux qui m'a considérablement aidé dans le « processus de deuil ». Au seul Mexique, plus de 1600 pasteurs sont morts pendant la « crise Covid-19 ». Je recommande fortement d'utiliser ce manuel comme support, car le deuil est une réalité épuisante et problématique. »

Ruth Martinez (Ost), Professeur de Bible et conférencier,
Instituto Ministerial El Calvario et
Master's Resourcing Commission

Mentions spéciales

Sur l'échelle des émotions humaines, le deuil est sans doute l'une des plus profondes et des plus douloureuses à vivre. La perte d'un mari fait surgir un éventail d'émotions qui vont de la tristesse à la colère, au découragement et au désespoir. Vous êtes brusquement propulsée dans un monde que vous n'avez jamais ni voulu ni prévu. La chose la plus petite, apparemment insignifiante, peut déclencher un torrent de larmes. Apprendre à vivre la vie sans l'amour de votre vie peut s'avérer effrayant, source de solitude, déroutant, accablant.

Nous n'étions pas destinées à arpenter cette vallée sombre seules. Le soutien attentionné de ceux qui ont déjà vécu ces choses peut être une lueur d'espoir pour un cœur qui souffre. Les coauteurs, Mary Beth Woll et Linda Smith, sont deux de ces personnes. Ayant elles-mêmes surmonté un deuil, elles apportent maintenant un soutien affectueux à celles qui se trouvent dans les souffrances du veuvage. La sagesse divine et les aides pratiques contenues dans ce livre sont basées sur cette riche expérience alliée à leur formation, et vous guideront dans votre propre processus de deuil. Vous serez encouragée, fortifiée et stimulée de manière à pouvoir continuer à avancer pas à pas, jour après jour... parfois minute après minute... afin que votre cœur ne soit pas abattu.

Rév. Diane Fink
Sonrise Christian Centre, Everett, État de Washington
CCF Ministries, Lowell, État du Mississippi

Mentions spéciales

La lecture de « **Ne t'abats pas, mon cœur !** » a fait surgir en moi des mots qui me semblent refléter son message. Des mots comme Véridique, Biblique, transparent, honnête, encourageant, plein d'espérance et très concret.

Il ne fait absolument aucun doute que **Ne t'abats pas, mon cœur !** constituera une grande aide et un encouragement puissant pour les femmes qui sont confrontées à une période de transition vers l'acceptation de leur « nouvelle normalité » de veuve. Dans ce livre, Mary Beth Woll, Linda Smith et le Dr Paul Meier réussissent à communiquer compréhension, compassion et vérité. Leur livre est une lecture incontournable pour toutes les femmes qui ont besoin d'aide dans cette étape de transition de leur vie.

Il revêt une signification toute spéciale pour mon épouse Faith et pour moi, car lorsque Mary Beth a perdu son mari Bob nous avons pu nous tenir, avec beaucoup d'autres, aux côtés de Mary Beth pendant les premiers temps de la transition.

Nous sommes ravis de constater tous les progrès qu'elle a accomplis. Elle a changé son deuil en bénédiction pour beaucoup d'autres.

Révérend Doug Martin
Pasteur associé et ancien
Sonrise Christian Centre

Partant de la douleur et de la perte déchirantes du veuvage, Mary Beth Woll et Linda Smith proposent un guide pratique d'espoir et de guérison pour celles qui sont endeuillées. Leurs expériences et leur attachement au Seigneur en lien avec le remarquable ministère, ces dernières décennies, du Dr Paul Meier, guident la nouvelle veuve sur un chemin de compassion enraciné dans la Bible et fournissent à ceux qui travailleraient avec elles dans le cadre d'un petit groupe un outil efficace. « **Ne t'abats pas, mon cœur !** », avec les questions de discussion soigneusement élaborées, une compréhension pénétrante des Écritures et l'objectif de mettre Dieu en premier, devrait figurer dans la bibliothèque de chaque veuve.

Carolyn Underhill, épouse de pasteur,
Directrice du ministère des femmes
Professeur de «Grace-Notes», une classe Biblique conçue
pour les femmes qui fréquentent seules l'Église

Mentions spéciales

Je recommande absolument la lecture de ce (petit) livre, dans une attitude de prière, surtout si vous êtes aujourd'hui veuve ou si vous vivez un profond chagrin.

Mary Beth a vécu le "feu" du veuvage. Elle s'est appuyée sur le Seigneur, et elle L'honore maintenant en consolant les autres, ayant été elle-même consolée.

Depuis le départ en juin 2019 de son époux exceptionnel et frère en Christ, Bob, vers sa demeure éternelle, le Seigneur est intervenu pour restaurer son cœur brisé qu'elle donne maintenant sans compter, mettant au service des autres ses capacités et désirant que toutes celles qui pleurent soient consolées. Au-delà de ce brisement, elle a permis que la lumière de Jésus en elle illumine un monde blessé et ceux des membres de la famille spirituelle qui se trouvent dans la détresse, cherchant à œuvrer en fidèle servante.

Je les ai tous deux connus au temps de nos études Bibliques, dans les années soixante-dix... Mais je me suis rapproché d'eux par l'Internet dans ce moment capital, quelques mois avant que le Seigneur rappelle Bob à Lui à la Maison, dans la Gloire. En France, nos églises de Dieppe et de Paris ont souvent constitué des postes de secours pour les cœurs brisés, et le Seigneur nous a toujours confié, avec les Promesses de Sa Parole, la mission d'avancer toujours plus dans l'onction afin de voir ces cœurs guéris !

Rév. Mark Ost
Pasteur de l'Église Foi, Espérance et Amour à Paris, France
Master's Resourcing Commission

Au fil des ans, j'ai pu vivre aux côtés de Mary Beth Woll un merveilleux voyage, celui qui lui a permis de gérer son traumatisme. L'année dernière, la façon dont Mary Beth a réussi à surmonter la perte de son mari m'a ouvert les yeux. Elle a vécu en profondeur le traumatisme que subissent les veuves. Je rends hommage à Mary Beth, à son désir de soulager le monde de la douleur intense du veuvage. Je sais qu'à la lecture de ce livre et lorsque vous en étudierez les messages, les exercices et les paroles de sagesse, vous trouverez le moyen de surmonter votre propre deuil et d'aider les autres.

Lilla Marie, LMHC (conseillère agréée en santé mentale)
Directrice et thérapeute Cliniques Meier

Mentions spéciales

Lorsqu'en mai 2018 mon époux J.R. est allé rejoindre le Seigneur, je n'avais jamais vécu semblable perte et j'ai commencé à devoir vivre ce deuil sans y être préparée. Toute ma vie en a été affectée et j'ai été envahie, parfois toute la journée, par une sensation étrange dans tous mes os, comme s'ils étaient embrasés par la fièvre. Ma santé physique en a été affectée à tel point que mon système immunitaire s'en est trouvé affaibli lors de la première année. J'étais tellement perturbée par le chagrin que j'en arrivas parfois à faire des choses stupides ; une fois j'ai foncé tout droit sur un poste de péage et je ne m'en suis rendu compte qu'après être passée à travers ! Le chagrin m'a rendue humble et m'a permis de reconnaître que j'avais besoin d'aide pour survivre à cette traversée de la vallée de l'ombre de la mort.

C'est pourquoi j'ai été ravie lorsque mon amie Ruth Martinez m'a invitée à rejoindre un groupe en ligne d'accompagnement du deuil avec Mary Beth Woll et Linda Smith. Cela a été une bonne expérience de partage avec d'autres femmes veuves impliquées dans le ministère. Il est vraiment réconfortant de savoir qu'elles subissent le même type de perte. J'ai beaucoup appris de ce que chacune d'elle a partagé sur la façon dont le Seigneur les console et les aide à devenir plus fortes.

C'est une joie pour moi de vous recommander le nouveau livre de Woll and Smith, **Ne t'abats pas, mon cœur !**, avec ses thèmes puissants et enrichissants inspirés par le chapitre 12 du livre des Hébreux. La grande nuée de témoins nous encourage ! Avec la Parole de Dieu qui nous nourrit et l'encouragement affectueux d'autres veuves chrétiennes, nous pouvons courir cette course !

Avec amour, en Jésus,
Nancy Honeytree Miller
Chanteuse et auteure-compositrice

Mentions spéciales

Nous vivons dans un âge et une culture qui valorise la jeunesse et ne fait aucun cas de ceux qui ont l'expérience de la vie, en particulier de ceux qui sont marqués par une perte personnelle, comme les veuves. Il en résulte une génération de jeunes spirituellement orphelins, sans ancrage ni repère. Mais je crois que Dieu inverse cette fâcheuse tendance. Il ramène le cœur des pères et des mères de foi à leurs enfants et le cœur des enfants à leurs pères et mères spirituels (Malachie 4 : 6). Et pour cela, l'Église a besoin de veuves bien portantes, guéries.

Dans la vie, une des choses les plus importantes est de se sentir utile, de savoir comment nous pouvons aider les autres dans leur cheminement. Le travail remarquable des auteurs de « **Ne t'abats pas, mon cœur !** » communique aux veuves cette espérance et cet espace de guérison qui leur donnent la possibilité de surmonter leur deuil afin non seulement de consoler les autres (2 Corinthiens 1 : 4) mais aussi d'investir dans les générations futures.

C'est pour moi un honneur de vous recommander « **Ne t'abats pas, mon cœur !** » qui saura s'avérer utile non seulement pour tirer profit de son contenu, mais aussi en tant qu'outil de réflexion pour accompagner les petits groupes dans le processus de guérison.

Dr Alec E. Rowlands
Pasteur principal de Westgate Chapel
Fondateur de Church Awakening

Don't Lose Heart!: A Widow's Guide to Growing Stronger
©2020 Mary Beth Woll, titulaire d'une maîtrise et conseillère agréée en santé mentale, Linda Smith et Paul Meier, docteur en médecine.

Ne t'abats pas, mon cœur ! : Un guide pour devenir plus forte quand on a perdu son mari
Traduction : Philippe Compagnon, ESCP, traducteur certifié, et Danièle Compagnon, ESCP. Membres de l'église FEA à Paris (pasteur Mark Ost), formateurs internationaux.

Tous droits réservés. Aucune partie de ce livre ne peut être reproduite, stockée dans un système de récupération, ou transmise sous quelque forme ou par quelque moyen que ce soit- électronique, mécanique, photocopie, enregistrement, numérisation ou autre - sauf pour de brèves citations dans des revues critiques ou des articles, sans l'autorisation écrite préalable de l'éditeur.

Première édition en Français (pub. 2021) : ISBN : 978-1-7362169-2-7

Première édition en Anglais (pub 2021):
    ISBN: 978-1-7362169-0-3 Livre de poche
    ISBN: 978-1-7362169-1-0 eBook

Conception de la couverture originale par : David Woll
Aménagement intérieur/Auto-publication originaux par : Kristi Knowles

NE T'ABATS PAS, *mon cœur* !

UN GUIDE POUR DEVENIR PLUS FORTE
QUAND ON A PERDU SON MARI

PAR MARY BETH WOLL, MA, LMHC,
LINDA SMITH, & PAUL MEIER, MD

x

Dédicace

À la mémoire de
Kirby Smith et Bob Woll
qui ont achevé leur course en premier
et nous encouragent maintenant depuis cette
« grande nuée de témoins ».

Nous courons aussi vite que possible ! Nous vous retrouverons sur la ligne d'arrivée !

Avec amour,
Linda et Mary Beth

Remerciements

A Kristi KNOWLES, notre éditrice extraordinaire, a qui nous devons tant de reconnaissance et affection!

Merci a David WOLL, notre artiste graphique, qu'avec tant de finesse a pu saisir notre vision des 'Coeurs', et produire une si belle couverture!

Un grand merci à Rolland WRIGHT pour son 'leadership'. Très inspirant en nous encourageant à l'action!

Ce livre a été soigneusement traduit par Philippe et Danièle COMPAGNON de l'Eglise «Foi, Espérance et Amour» à Paris.

Nos remerciements à l'Officier de Police nommé Nathan ROMENESCHI de la Brigade du Washington State Patrol, qui nous a fait continuer notre chemin. Nous élaborions le chapître 2 lors de notre rencontre fortuite!

Merci Monsieur l'Agent!

Table des matières

Bienvenue dans « Ne t'abats pas, mon cœur ! »........... 3

Chapitre un 7
Commencez par le commencement 7
Prêcher la Bonne Nouvelle aux pauvres.............................7

Chapitre deux.. 13
Ne souffrez pas seule 13
Guérir ceux qui ont le cœur brisé 13

Chapitre trois 23
Le lien relationnel mène à la liberté 23
Proclamez aux captifs la liberté......................................23

Chapitre quatre 31
Rejetez tout fardeau 31
Avec l'aide de Dieu, débarrassez-vous en 31

Chapitre cinq 37
Levez continuellement les yeux 37
Fixons nos yeux sur Jésus 37

Chapitre six 45
Tenez bon 45
Pour la joie qui vous est proposée ... PERSÉVÉREZ ! 45

Chapitre sept... 55
Ne t'abats pas, mon cœur ! 55
Acceptez la correction du Seigneur.................................55

Chapitre huit 61
Ne vous lassez pas 61
Fortifiez-vous en vue de la course..................................61

Chapitre neuf 69
Rappelez-vous que Dieu est de votre côté 69
Dieu est pour vous !..69

Chapitre dix... 77
Ne soyez pas seule face à votre deuil 77
Consoler tous ceux qui sont dans le deuil.......................77

Chapitre onze 87
Laissez cette lumière briller en vous *87*
Votre transformation glorifie Dieu 87

Chapitre douze 95
Investissez dans l'avenir *95*
Rebâtir les générations 95

Douze lignes directrices en croissance plus forte **104**
Lectures complémentaires pour les veuves **106**
Comment trouver un bon thérapeute **108**
Bibliographie (en anglais) **116**
À propos des auteurs **117**
Prière générationnelle Marque-page **119**

Avant-propos

C'est un honneur et un plaisir véritable de présenter Mary Beth Woll et Linda Smith aux veuves du monde entier. Il est tellement satisfaisant de regarder des personnes qui découvrent leur « route » - guérir, se développer, grandir et marcher dans le courage et la confiance.

Elles vous conseilleront si vous vous impliquez. Elles vous soutiendront si vous êtes faible. Leurs paroles de sagesse sont remplies de compassion et de compréhension.

Ensemble, elles explorent le chemin du veuvage. Ensemble, elles font leur deuil. Ensemble, elles découvrent comment sortir du deuil en étant épanouies.

Ces mots ne sont pas vides de sens. Cette perspicacité s'est forgée sur leur amitié très profonde. Mary Beth et Linda sont amies depuis des années. Kirby, le mari de Linda, est décédé six ans avant Robert (Bob), celui de Mary Beth. C'est Linda qui a guidé Mary Beth. Linda était là pour Mary Beth : elles reconnaissent toutes les deux en cela la main providentielle de Dieu. Elles coopèrent maintenant au sein du même ministère en guidant les autres dans leur parcours de deuil.

Selon moi, l'étincelle qui a enflammée nos deux co-auteures s'est produite à l'automne 2020 lors d'un voyage pour leur ministère à Columbia Falls dans le Montana. Elles sont revenues du Montana remplies de la vision d'aider d'autres veuves dans le processus de deuil. Sur le chemin du retour, deux chapitres ont été écrits ; Les autres chapitres ont ensuite été terminés dans les semaines qui ont suivi. D'autres ressources d'accompagnement du deuil sont nées de ce voyage.

Dans **Ne t'abats pas, mon cœur !** elles partagent leur cœur avec la compassion que seules celles qui ont connu cette épreuve peuvent comprendre. Poussées par leur conviction issue de 2Cor.1 : 3-7, elles exercent le ministère de consolation après avoir été elles-mêmes consolées. **Si vous êtes veuve, ce livre vous encouragera. Si vous êtes veuve, elles partagent votre souffrance.**

Notre espoir est que le livre que vous tenez entre vos mains vous aidera, comme d'autres veuves dans le monde entier, à être guérie dans vos émotions ; et qu'une fois guérie et consolée, cela vous permettra d'apporter à d'autres veuves qui souffrent de la perte de leur conjoint le flot débordant de votre compassion. Vous pourrez vous aussi consacrer votre vie au service de celles qui commencent tout juste le chemin du veuvage. **Pourriez-vous envisager, avec l'aide du The Widows Project, de marcher aux côtés des veuves ?**

Si vous vous impliquez dans la mission de consoler les autres, cela renouvellera les buts et le zèle de votre vie.

- Rolland Wright, fondateur du The Widows Project

Le « The Widows Project » (Projet pour les veuves et les veufs) :

« The Widows Project » est une organisation confessionnelle fondée en 2015, située à Everett dans l'état de Washington aux États-Unis. Nous nous attachons à concevoir et à réaliser tout ce qui peut aider les veufs et les veuves à faire leur deuil, à retrouver l'équilibre et à accepter de se réhabituer à vivre une vie d'espoir et d'optimisme, à quitter le découragement et le désespoir pour refaire place à l'épanouissement.

Pour plus d'informations ou pour faire un don, connectez-vous à :
www.thewidowsproject.org

Retrouvez-nous sur Facebook à l'adresse : ***The Widows Project***

Rolland Wright :

Rolland Wright est le fondateur et le président du « ***The Widows Project*** *(Projet pour les veuves et les veufs)*. Il a fondé cette organisation en 2015 pour aider les églises et les organisations locales à mieux venir en aide aux veufs et aux veuves. Il est titulaire d'une licence de l'Université de BIOLA, dans l'état de Californie aux États-Unis. Sa profonde compassion pour ceux qui souffrent l'a obligé à écrire : *"****The Widows Project: Serving the Widowed with the Father's Heart.****"* (Au service des veufs et des veuves avec le cœur du Père)

Bienvenue dans « Ne t'abats pas, mon cœur ! »

Le but de « **Ne t'abats pas, mon cœur !** » et son objectif très précis est d'apporter un soutien aux veuves dans leur processus de guérison du deuil. Nous voulons les aider à se relever après leur perte dévastatrice, à retrouver la capacité d'aller de l'avant dans une vie qui soit efficace pour Dieu et qui produise trente, soixante et cent fois plus de fruits qu'auparavant ! (Marc 4 : 20)

En tant que thérapeute (Mary Beth Woll, titulaire d'une maîtrise et conseillère agréée en santé mentale) et psychiatre (Paul Meier, docteur en médecine), nous aimons aider les gens à traverser ces périodes difficiles, et nous y avons consacré notre carrière. Nous aimons ce métier : aider les autres nous procure une grande joie. Vous trouverez dans les pages suivantes un aperçu de la vision que le Seigneur a développée en nous au fil des années de ministère d'accompagnement, ainsi que le récit du processus de deuil vécu par Mary Beth à la suite du décès de Bob, après 39 ans de mariage.

Veuve depuis sept ans, Linda Smith est une conseillère expérimentée. Elle a guidé et aimé Mary Beth dès le début et à travers les plus sombres moments de son veuvage. Son expérience dans l'enseignement chrétien et au service de l'Église a également permis à Linda de guider et de soutenir dans la prière beaucoup d'autres veuves, individuellement et en petits groupes.

Dieu nous a fait comprendre qu'il est nécessaire que l'Église locale soit un refuge pour les veuves. Malheureusement, beaucoup d'assemblées locales ne savent pas comment offrir ce type de soutien Malgré la bonne volonté, l'organisation de nos assemblées ne prévoit souvent aucune structure dédiée au soutien des veuves. Parfois, les membres de l'église ne savent pas comment leur venir en aide, et les responsables de l'église peuvent se sentir dépassés par l'étendue de leurs besoins.

Rolland Wright a lui aussi remarqué ce besoin primordial, pour celles qui viennent de subir la perte la plus importante de leur vie, d'être soutenues psychologiquement par l'Église locale. C'est la raison pour laquelle il a, en 2015, créé « The Widows Project » (Projet pour les veuves et les veufs) et écrit un livre qui explicite sa vision : *The Widows Project: Serving the Widowed with the Father's Heart (Le « The Widows Project » : Servir les veuves et les veufs avec le cœur du Père)*. Le verset clé du ministère de Rolland est Jacques 1 : 27 : « La religion pure et sans tache, devant Dieu le Père, consiste à visiter les orphelins et les veuves dans leurs afflictions, et à se garder des souillures du monde » (p. 10).

Ce livre est notre réponse commune aux besoins des veuves partout dans le monde. Nous l'avons conçu pour une utilisation en petits groupes. Il se conforme au programme « GriefShare » en 13 semaines. Si GriefShare fait un travail admirable au service des personnes endeuillées par la perte d'un proche, le cours de 12 semaines de **Ne t'abats pas, mon cœur !** se concentre sur les réponses à apporter à la douleur et aux besoins spécifiques des veuves. Ce livre peut toutefois également être utile pour une personne qui vivrait ce deuil isolée.

Nous espérons que ce livre vous soulagera dans votre deuil et que vous le transmettrez à une autre veuve afin qu'elle reçoive la nécessaire consolation que vous avez vous-même reçue à travers **Ne t'abats pas, mon cœur !**. Que Dieu vous bénisse dans ce chemin si important que vous empruntez en Le suivant !

Mary Beth Woll, titulaire d'une maîtrise et conseillère agréée en santé mentale
 Thérapeute
 Cliniques Meier

Linda Smith

Paul Meier, docteur en médecine
 Fondateur de la chaîne nationale de
 Cliniques Meier

Ne t'abats pas, mon cœur !

Devenir plus forte : Recommandation no 1

COMMENCEZ PAR LE COMMENCEMENT

Développez une relation intime avec Jésus parce que vous êtes incapable de surmonter le deuil par vos propres forces

CHAPITRE UN
COMMENCEZ PAR LE COMMENCEMENT
PRÊCHER LA BONNE NOUVELLE AUX PAUVRES

« L'esprit du Seigneur DIEU est sur moi. Oui, il m'a consacré pour apporter une bonne nouvelle aux pauvres. » (Ésaïe 61 :1, PDV).

Ce très beau passage tiré d'Ésaïe 61 : 4 décrit la mission de Jésus envers ceux qui sont dans la détresse. Luc 4 nous rapporte que Jésus a lu ce texte dans la Synagogue à haute voix. Tous ensemble - Mary Beth Woll (thérapeute chrétienne), Paul Meier (psychiatre chrétien) et Linda Smith (enseignante et mentor chrétienne) - nous avons été poussés à écrire ce livre, inspirés par la façon dont Son ministère est mis en lumière dans ces versets. Ésaïe 61 : 1–4, tout comme Hébreux 12 : 1–13 ainsi que les recommandations qui en sont issues, expriment l'amour et la passion tout particuliers qui nous animent pour aider les veuves.

Qui sont les « pauvres » ?

Alors que le terme « pauvres » peut désigner ceux qui éprouvent des difficultés financières, il décrit également ceux qui sont pauvres en esprit - émotionnellement et spirituellement - quelle que soit leur situation financière. C'est le même mot que Jésus a employé dans le Sermon sur la Montagne lorsqu'Il a dit : « Heureux les pauvres en esprit, car le royaume des cieux est à eux ! » (Matt. 5 : 3). Et le « royaume des cieux » ne se réfère pas seulement à cet endroit éternel et parfait où Dieu existe, mais également à cette nouvelle vie qui commence dès que nous nous tournons vers Dieu. Chacun de nous, à un moment donné, se rend compte qu'il a un besoin tout en se sentant impuissant à le satisfaire par ses propres forces ; en d'autres termes, nous sommes pauvres en esprit. C'est à ce moment précis que nous sommes le mieux disposés à recevoir l'Évangile - la Bonne Nouvelle - et à demander à Jésus de venir à notre secours ! Il entend notre appel à l'aide et nous ouvre le chemin vers des possibilités nouvelles et merveilleuses. Nous choisissons de laisser Sa puissance agir en nous et à travers nous afin que notre manière de vivre soit conforme à la sienne.

Établir des bases solides

Certaines parmi vous qui lisent ce texte connaissent déjà Jésus personnellement et cherchent à développer un degré d'intimité plus profond avec lui. Vous savez que vous vous êtes mis en route vers le Ciel, mais vous avez besoin de Sa sagesse et de Sa force pour faire votre deuil. Vous savez qu'en Jésus, il est pourvu à tous vos besoins. Romains 8 :32 nous le rappelle : « Lui qui n'a pas épargné son propre Fils, mais qui l'a livré pour nous tous, comment ne nous donnera-t-il pas aussi tout avec lui, par grâce ? »

Quelques-uns parmi vous n'ont pas encore de relation personnelle avec Jésus. Vous pouvez vous demander : « Comment puis-je connaître Jésus, moi aussi ? »

Une des manières d'entrer dans une relation personnelle avec Jésus est de suivre « la Voie des Romains ». N'importe qui peut commencer cette marche en nouveauté de vie avec Lui en comprenant les vérités Bibliques fondamentales suivantes, et en les pratiquant :

- **Nous sommes tous pécheurs et avons besoin d'un Sauveur.** Romains 3 :23 dit : « Car tous ont péché et sont privés de la gloire de Dieu. »
- **Sans Jésus, nous sommes séparés de Dieu, maintenant et pour la vie éternelle.** Romains 6 :23a dit : « Car le salaire du péché, c'est la mort ; ... »
- **Mais par Jésus nous pouvons avoir accès à la vie éternelle, dès maintenant.** Romains 6 : 23b dit :« ... mais le don gratuit de Dieu, c'est la vie éternelle en Christ-Jésus notre Seigneur. »

Alors, vous pouvez vous demander : « Que doit-on faire pour avoir accès à cette vie éternelle avec Jésus ? » Romains 10 : 9–10 explique que « Si tu confesses de ta bouche le Seigneur Jésus, et si tu crois dans ton cœur que Dieu l'a ressuscité d'entre les morts, tu seras sauvé. Car en croyant du cœur on parvient à la justice, et en confessant de la bouche on parvient au salut. » Faites confiance à Dieu pour pardonner vos péchés et entrer dans votre vie. Il vous offre ce cadeau gratuit. Vous ne pouvez pas le gagner par vos mérites.

Si vous êtes prête à entrer dans une relation personnelle avec Jésus, vous pouvez faire cette prière :

> Jésus, toi et moi nous savons tous les deux que j'ai commis des péchés dans ma vie - fait des choses à certains moments qui ont blessé et Toi et d'autres. Je crois que Tu es mort sur la croix et que Tu es ressuscité pour payer le prix de mes péchés. Je Te demande maintenant de venir dans mon cœur et de devenir le Seigneur de ma vie. Pardonne-moi les péchés que j'ai commis dans le passé ou que je peux commettre dans l'avenir. Amen.

Si vous venez de faire cette prière pour la première fois, Dieu dit que vous êtes née de nouveau et que vous vous êtes mise en route vers le Ciel.

De l'aide ici-et-maintenant avec une perspective céleste

Lorsqu'une veuve pense au Ciel, elle se demande souvent ce que sera sa relation avec son mari lorsque tous les croyants seront réunis au Ciel avec les morts en Christ. Après tout, nous avons tous été créés par Dieu pour aimer et être aimés. Nous toutes, sur cette terre, avons ce désir fondamental. Beaucoup d'entre nous ont vécu à travers la relation sexuelle avec nos maris la plus haute expression de l'amour. C'était quelque chose de très intime, de très satisfaisant, et au cœur de nos mariages.

Dieu a créé le mariage pour nous « au commencement ». Dans l'intimité et dans l'engagement, mari et femme ne font plus qu'un. C'est un mystère que nous ne pouvons pas comprendre. De même, nous ne pouvons pas non plus expliquer la manière dont Dieu est comme un Époux et l'Église de Jésus comme son Épouse. C'est l'amour à son niveau ultime, au-delà de notre compréhension. Apocalypse 21 : 4 nous dit « [qu'] il essuiera toute larme de leurs yeux, et [que] la mort ne sera plus, et [qu'il] n'y aura plus ni deuil, ni cri, ni douleur, car les premières choses ont disparu. » Nos mariages s'insèrent-ils dans l'expérience du Ciel ? Nous pouvons sans doute avoir vécu d'excellents mariages selon les normes terrestres, mais l'amour du Ciel est parfait.

Jésus a expliqué à ses disciples qu'il s'en allait nous préparer une place au Ciel, et il viendra nous chercher au moment voulu, comme Il est venu chercher nos maris au moment voulu. En Jean 14 : 1 nous lisons : « Que votre cœur ne se trouble pas. Croyez en Dieu, croyez aussi en moi. » Pourquoi ? Parce que l'amour céleste l'emportera de loin sur toutes les manifestations et expériences terrestres. L'amour de Dieu surpasse toute imagination. Nous ne pouvons pas le saisir maintenant, même si Christ devait nous l'expliquer de manière très détaillée. C'est ce que Paul nous dit dans 1 Corinthiens 2 : 9 : « Mais c'est, comme il est écrit : Ce que l'œil n'a pas vu, Ce que l'oreille n'a pas entendu, Et ce qui n'est pas monté au cœur de l'homme, Tout ce que Dieu a préparé pour ceux qui l'aiment. » Le grand amour que nous avons vécu sur la terre est simplement l'ombre de ce que nous allons trouver au Ciel, où nous vivrons dans l'amour parfait.

Questions de discussion

1. Avez-vous déjà reçu Jésus comme votre Sauveur ? Si c'est le cas, s'il vous plaît partagez cette expérience avec le groupe. Certains savent qu'ils l'ont reçu, mais ne se souviennent pas du moment précis où leur relation avec Dieu a commencé. D'autres se rappellent clairement l'instant où ils ont pour la première fois fait confiance à Jésus et vécu une rencontre spéciale avec Dieu. Le Dr Meier a donné son cœur à Jésus dès l'âge de six ans dans sa classe d'école du dimanche, mais ce n'est qu'à l'âge de 16 ans qu'il lui a reconsacré sa vie d'une manière plus significative.

    À l'âge de 5 ans, Mary Beth avoua en pleurant à sa mère qu'elle lui avait menti à propos de quelque chose. Sa mère lui pardonna, puis lui rappela avec sagesse : « Il y a Quelqu'un d'autre à qui tu dois dire que tu regrettes : Dieu. » Elle conduisit ensuite Mary Beth dans une prière pour demander à Jésus de lui pardonner et d'entrer dans son cœur. Dès lors, au fur et à mesure que Mary Beth grandissait, sa foi en Dieu et sa profonde relation personnelle avec Lui grandissaient également.

Linda était si jeune lorsqu'elle a connu Jésus qu'en mûrissant elle a pu vivre une série de consécrations et de réengagements.

Pour chaque personne, le moment où l'on reconnaît Jésus comme Seigneur et Sauveur de sa vie est unique, nous espérons donc que vous partagerez votre expérience personnelle avec les autres.

_____
_____
_____
_____
_____
_____
_____
_____

2. Si vous n'avez pas encore reçu le Christ, vous décririez-vous comme (a) Pesant encore le pour et le contre, (b) Ayant quelques questions sur le fait de recevoir Christ, ou (c) N'étant pas encore prête ?

_____
_____
_____
_____
_____
_____
_____
_____
_____
_____

3. Si vous avez répondu « a » ou « b » à la question précédente, votre responsable de groupe ou un pasteur sera heureux de parler avec vous de toutes les questions que vous pouvez vous poser.

Comme pour toute décision importante, il est sage de prendre conseil. Si vous êtes prête et que vous souhaitez connaître Jésus personnellement sans plus tarder, alors faites sincèrement cette prière :

« Jésus, toi et moi nous savons tous les deux que j'ai commis des péchés dans ma vie- fait des choses à certains moments qui ont blessé et Toi et d'autres. Je crois que Tu es mort sur la croix et que Tu es ressuscité pour payer le prix de mes péchés. Je Te demande maintenant de venir dans mon cœur et de devenir le Seigneur de ma vie. Pardonne-moi les péchés que j'ai commis dans le passé ou que je peux commettre dans l'avenir. Amen. »

Devenir plus forte : Recommandation no 2

NE SOUFFREZ PAS SEULE

Confiez votre cœur brisé à Dieu et à Ses serviteurs pour que les deux vous apportent la guérison.

Chapitre deux
Ne souffrez pas seule
Guérir ceux qui ont le cœur brisé

« L'Esprit du Seigneur DIEU est sur moi... il m'a envoyé pour guérir ceux qui ont le cœur brisé... » (Ésaïe 61 : 1 PDV).

Début du processus de guérison

À la faculté de médecine, nous avons appris que si vous vous cassez le bras et qu'il se ressoude correctement, la partie réparée sera plus solide que le reste du bras. Si par la suite un nouvel accident se produisait, le bras ne se cassera plus à l'endroit qui avait été guéri. De la même manière, un cœur brisé peut être douloureux. À un moment ou à un autre, la plupart d'entre nous ont ressenti cette souffrance ; mais lorsque Dieu guérit nos cœurs brisés, Il nous rend finalement plus fortes que nous ne l'avons jamais été.

Ne souffrez pas seule

La première recommandation nous a montré comment établir une relation intime avec Jésus ; la deuxième nous permettra de comprendre comment surmonter notre solitude. Entrons dans le sujet : nous apportons nos cœurs brisés à Dieu et à Son peuple rempli d'amour, nos frères et sœurs en Christ. Nous pouvons partager la souffrance de nos âmes avec un ami ou un parent de confiance, un pasteur, un conseiller ou un groupe d'accompagnement du deuil.

Un fardeau partagé est réduit de moitié. Le simple fait de parler de votre deuil à Dieu et à une ou plusieurs personnes attentionnées soulagera probablement une grande partie de votre souffrance. Essayez de trouver une veuve de confiance qui a déjà surmonté son deuil et peut vous guider à faire de même. Au fur et à mesure que vous partagerez votre désespoir et votre sentiment de perte, elle s'identifiera avec vous. Elle a connu cela, elle est déjà passée par là. Elle reconnaîtra la « vallée de l'ombre de la mort » et contribuera à vous aider à la traverser. Elle ne sera pas effrayée par vos émotions intenses parce qu'elle aussi les a éprouvées. Bien que chaque veuve ait une expérience unique du deuil, beaucoup de points communs vous rapprocheront. Alors que vous partagerez et prierez, Dieu vous conduira ensemble vers la guérison.

Souvent, les personnes dont le cœur a été guéri réagissent en transmettant aux autres le renouvellement qu'elles ont reçu. Mais la guérison est un processus, comme vous l'indiquent nos Douze Recommandations. Les deux premières Recommandations sont les étapes les plus importantes et les plus nécessaires. Tout d'abord, faites confiance à Jésus pour vous aider, vous soutenir et vous guider ; puis apportez-Lui ainsi qu'à ceux qui vous sont chers votre cœur brisé et vos fardeaux.

Lorsque vous commencerez à récupérer, 1 Pierre 5 : 10 déclare que Dieu **« vous formera lui-même, vous affermira, vous fortifiera, vous rendra inébranlables. »**

Jésus guérit les cœurs brisés

Pour Jésus, la restauration des cœurs brisés est essentielle. Elle vient juste après la prédication de l'Évangile. En effet, Jésus a dit que toute la Loi dépend de ces deux commandements : tout d'abord, « Tu aimeras le Seigneur, ton Dieu, de tout ton cœur, de toute ton âme, de toute ta force, et de toute ta pensée ; » et ensuite, « [tu aimeras] ton prochain comme toi-même. » Pour illustrer ce qu'est l'amour du prochain, Jésus raconte la parabole du bon Samaritain (Luc 10 : 25–37). Étudions ensemble cette parabole et réfléchissons aux faits et gestes de chaque personnage.

L'homme blessé

Habituellement on ne met pas l'accent sur l'homme blessé de cette parabole, mais à cause de sa perte dévastatrice la veuve peut s'identifier plus étroitement à ce personnage. Sévèrement battu, l'homme blessé est laissé à demi mort. Parce qu'un mari et une femme ne font qu'un, à la mort de son mari une femme peut se sentir à demi morte. Des études montrent que « les personnes dont le conjoint vient de mourir ont 66 % de probabilité, et c'est énorme, de mourir à leur tour dans les trois premiers mois qui suivent le décès de leur conjoint ». On parle d'« Effet Veuvage ». Effectivement, la veuve qui avait une relation étroite avec son mari présente un risque accru de développer une dépression après ce décès. Comme pour l'homme blessé, ce qui vient d'arriver à la veuve peut l'amener à se sentir inutile et à avoir désespérément besoin d'aide. Elle peut même être temporairement incapable de se prendre en charge, et dépendre de la gentillesse et de l'assistance des autres.

Dieu est conscient de l'état d'impuissance de la veuve. Il nous rappelle que « La religion pure et sans tache, devant Dieu le Père, consiste à visiter les orphelins et les veuves dans leurs afflictions, et à se garder des souillures du monde. » (Jacques 1 :27)

Le prêtre et le lévite

La personne blessée s'attendait peut-être à ce que le prêtre ou le lévite soient les premiers à intervenir. De même, les nouvelles veuves sont souvent surprises de ceux qui sont sensibles à leur situation tragique, et de ceux qui ne le sont pas. Nous ne savons pas pourquoi le prêtre et le lévite ne se sont pas arrêtés, mais nous voyons que Dieu a pourvu de façon inattendue aux besoins de l'homme blessé par le secours le plus improbable- celui d'un Samaritain !

Le bon Samaritain

Contrairement au prêtre et au lévite qui ont continué leur chemin, le bon Samaritain, voyant l'état de l'homme blessé, a éprouvé de la compassion pour lui. Le Samaritain était également en voyage, mais il a répondu avec cœur lorsqu'il s'est approché de l'homme blessé. Sa compassion l'a poussé à agir. Il a dû déplacer l'homme blessé hors de la route dangereuse vers un endroit sûr où il pourrait reprendre des forces. De la même façon, les veuves peuvent avoir besoin d'un refuge sûr pour se remettre. Pour certaines, cela pourra simplement prendre la forme d'une écoute ou d'une étreinte pendant qu'elles pleurent.

Le bon Samaritain a prodigué ce qu'on pourrait appeler les soins de première urgence de l'époque : de l'huile pour ses propriétés apaisantes et du vin pour désinfecter. Jésus, pour guérir le cœur brisé d'une veuve, utilise parfois d'autres personnes pour appliquer l'« huile » de la grâce pour apaiser son âme et le « vin » de la vérité pour nettoyer la plaie. Pour une guérison correcte, nous avons besoin de recevoir de Dieu et des autres à la fois la grâce et la vérité. Mary Beth témoigne : À la mort de mon mari Bob, je suis reste temporairement paralysée. Je ne souffrais pas seulement du deuil et de sa disparition, mais j'étais aussi épuisée physiquement. J'étais extrêmement attachée à Bob et j'avais donc voulu rester sans cesse à ses côtés pendant sa grave maladie et son hospitalisation, ce qui m'avait amenée à souffrir d'une carence de sommeil et d'une anémie mettant ma vie en danger. Mes enfants adultes souffraient également énormément de cette perte et veillaient sur leurs propres enfants qui regrettaient leur Papa Bob.

Ma famille, mes amis, mes voisins et les membres de mon Église me donnaient avec amour leur temps, leur aide financière, leur énergie et me rendaient service, mais j'avais besoin d'aide dans la durée pour guérir - corps, âme et esprit. Une amie que je connaissais depuis plus de quarante ans réapparut dans ma vie. Linda Smith avait perdu son mari aimé Kirby six ans auparavant. Elle connaissait le parcours de deuil que j'allais devoir suivre. Lors de l'enterrement de Bob, Linda vint vers moi, me regarda droit dans les yeux et dit : « nous allons renouer une belle amitié ».

J'ai su à ce moment-là que Dieu me parlait à travers Linda. Je n'imaginais pas ce que j'allais vivre avec elle pendant les trois mois et demi où elle s'est occupée de moi. J'étais diminuée physiquement et dévastée émotionnellement. J'éprouvais la douleur émotionnelle extrême du deuil et de la disparition. Dans cette histoire, j'étais la personne blessée. Comme le bon Samaritain, Linda a pris soin de moi jusqu'à ce que je puisse revenir à la maison.

L'aubergiste

Le bon Samaritain ne pouvait pas gérer tout seul ce qu'il y avait à faire. L'homme blessé avait besoin de tellement d'aide qu'une seule personne ne pouvait y suffire. De même, il peut exister des aides pour les veuves mais, comme l'homme blessé, elles peuvent être trop désorientées et avoir besoin d'aide pour y penser. Il s'écoule un laps de temps entre le moment où les ennuis cessent de s'accumuler et le moment où elles peuvent redevenir autonomes. Durant cette période, elles vont avoir besoin d'aide, parfois même pour les tâches quotidiennes.

Chère amie veuve, nous avons de bonnes nouvelles pour vous. Oui, votre monde a volé en éclats lorsque votre mari est mort ; mais il y a des gens toujours debout - des gens bien armés. Le don de service (ou don d'aide) est un don spirituel que certaines personnes manifestent régulièrement. Ils aiment aider. Ce sont des aides talentueuses. D'autres personnes chercheront à vous aider parce qu'ils s'intéressent à vous et qu'ils veulent vous bénir. C'est Biblique. Il n'y aurait pas eu de bon Samaritain s'il n'y avait pas eu un homme à terre. Lazare n'aurait pas été ressuscité des morts si Jésus n'avait pas répondu à l'appel au secours de Marthe et Marie. En prison, Paul avait besoin de son manteau pour se réchauffer et de ses parchemins pour pouvoir écrire ses épîtres à notre intention.

Il y a aussi des gens qui se plaisent à mettre en place de l'aide. Laissez-les faire. Laissez-moi faire. Moi, Linda, je suggère que vous (ou votre aide) preniez deux feuilles de papier. Sur l'une des feuilles, faites la liste de tout ce qu'il y a à faire, et la date limite s'il y a lieu. Sur l'autre feuille, notez le nom des personnes qui ont proposé leur aide - même ceux qui ont simplement dit : « prévenez-moi si vous avez besoin de quoi que ce soit. » Ajoutez leurs coordonnées afin de pouvoir les contacter par la suite. Puis, reliez les besoins avec ceux qui peuvent y répondre.

Au moins pendant les deux premières semaines qui vont suivre la mort de votre mari, demandez à un organisateur ou administrateur de rester auprès de vous - quelqu'un qui sache comment organiser les choses. C'est un autre don. Le deuil exige tellement de temps, d'énergie et d'attention que vous ne pouvez tout assumer seule. Dieu nous a donné des amis et une famille pour nous aider à traverser ce moment difficile. Ne vous attendez pas à ce que vos enfants puissent répondre à tous vos besoins. Ils sont également en deuil. La bonne nouvelle est que d'autres personnes veulent vous aider. Laissez-les faire. Veillez, lorsque vos aides auront regagné leur foyer, à vous organiser le soir pour le lendemain. Placez-vous devant un miroir et regardez-vous. Demandez à la personne que vous y voyez ce que vous pourriez faire pour lui faire plaisir. « Veux-tu aller te promener ? » Demandez-lui quelles tâches elle devra accomplir le lendemain : « As-tu besoin d'aide pour faire ton ménage ? » Rédiger une liste de tout ceci. Cela l'aidera à commencer sa journée le lendemain. Beaucoup de veuves ont bien du mal à se remotiver chaque matin. Avoir un plan vous sera d'un grand secours.

L'histoire du bon Samaritain laisse entendre qu'à la fin l'homme blessé s'est rétabli et a quitté l'auberge pour rentrer chez lui. Tout l'intérêt de porter les fardeaux les uns des autres est de marcher côte à côte pendant la période où nous ne pouvons pas les porter seules. Mais, après une période de convalescence, nous serons capables, avec l'aide de Dieu, de revenir à une vie fertile, plus forte qu'elle ne l'a jamais été.

Questions de discussion

1. Parfois le deuil peut nous prendre « au dépourvu » de sorte que, de même que l'homme blessé, nous ne sommes même pas capables de demander de l'aide. Dans de tels moments de détresse, nous devons nous appuyer sur les forces et la bienveillance des autres. Avez-vous déjà vécu cela ? Comment les autres vous ont-ils aidée ?

_____

_____

_____

_____

_____

_____

_____

_____

2. À d'autres moments, nous sommes capables de demander de l'aide, même si cela nous semble difficile. Lisez Galates 6 : 2–5. Quand les autres doivent-ils nous aider à porter nos fardeaux, et quand devons-nous les porter nous-mêmes ?

   Ces versets semblent contradictoires dans les versions françaises de la Bible. Dans un verset, il est écrit que chacun doit porter ses propres fardeaux. Dans un autre verset du même passage, il est écrit de porter les fardeaux les uns des autres afin d'accomplir la loi du Christ. Est-ce véritablement contradictoire ? Non. Ces deux versets se comprennent beaucoup plus facilement dans la version originale grecque. Ils soulignent que nous devrions tous porter nos charges mentales normales. Nous ne devrions pas compter sur les autres pour porter ce que nous sommes parfaitement capables de gérer nous-mêmes. En revanche, nous devrions porter les « surcharges » les uns des autres afin d'accomplir la loi du Christ.

   Si vous partiez avec des amies pour une randonnée en camping, chacune porterait son sac à dos. On penserait que vous êtes une paresseuse et un poids mort si vous escomptiez que quelqu'un d'autre porte à la fois son sac à dos et le vôtre. Mais il pourrait arriver que la responsable de la cuisine ait besoin de transporter des casseroles et des poêles supplémentaires. Dans ce cas, afin d'accomplir la loi du Christ, le reste du groupe devrait donner un coup de main pour l'aider à porter sa surcharge.

Quand vous partagez avec un ami ou une amie votre deuil, votre esprit abattu et votre fardeau accablant, vous faites ce qu'il faut ! Vous allez, dans le même temps, permettre aux autres d'avoir la merveilleuse expérience de vous aider à guérir et à croître émotionnellement et spirituellement. En outre, lorsque vous serez devenue forte, vous serez heureuse de pouvoir porter les surcharges des autres.

_____
_____
_____
_____
_____
_____
_____
_____
_____

3 Chacun de nous pourrait aisément jouer le rôle de chaque personnage de la parabole. Parmi ces personnages, quel est celui auquel vous vous identifiez le plus facilement aujourd'hui ? Pourquoi ?

_____
_____
_____
_____
_____
_____
_____
_____

4. Les attitudes du prêtre et du Lévite semblent surprenantes, étant donné qu'ils étaient « dans le ministère » de leur époque. Y a-t-il des personnes dans votre vie dont vous pensiez qu'elles vous aideraient et qui ne l'ont pas fait ? Pouvez-vous imaginer

un motif quelconque qui explique leur attitude ? Prenez maintenant le temps de leur pardonner de ne pas vous avoir aidé lorsque vous souffriez.

_____
_____
_____
_____
_____
_____
_____
_____

5. À la fin de la parabole, Jésus dit : « Va, et toi, fais de même » (Luc 10 : 37). Il y a un temps pour être au bénéfice du ministère des autres et un temps pour donner. Racontez une occasion où vous, ou quelqu'un que vous aimez, a été le « cœur brisé ». Racontez une occasion où vous avez été celle qui est venue pour aider.

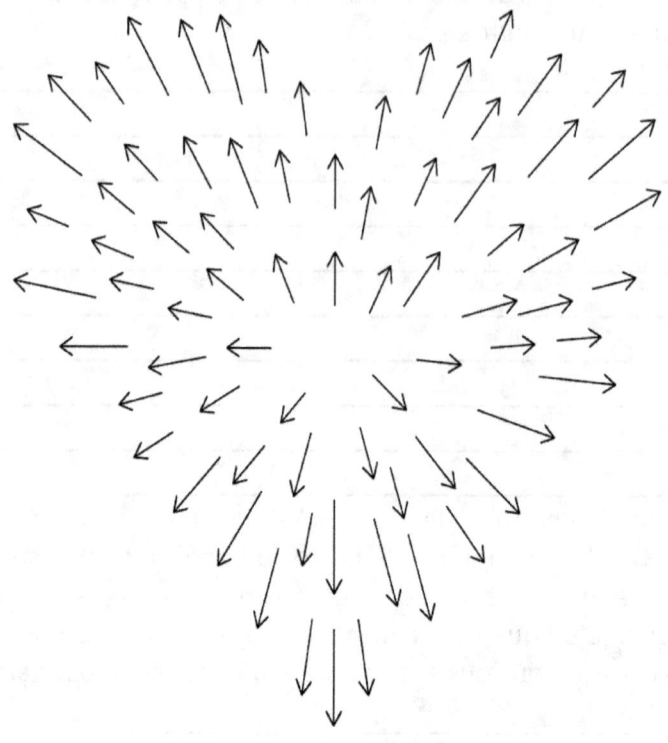

Peu de temps après la mort de Bob, le mari de Mary Beth, le Seigneur lui a montré une image de son cœur, qui semblait avoir éclaté en mille morceaux.

    Lorsque Dieu a guéri son cœur brisé, il a réuni tous les éclats, les a ajustés ensemble, et en a fait quelque chose de nouveau et de très beau.

    Psaume 147 : 3 « il guérit ceux qui ont le cœur brisé et panse leurs blessures »

Devenir plus forte : Recommandation no 3

Le lien relationnel mène à la liberté

Partagez votre histoire avec des personnes de confiance ainsi qu'avec Jésus afin de progresser vers votre guérison.

Chapitre trois
Le lien relationnel mène à la liberté
Proclamez aux captifs la liberté

« l'Esprit du Seigneur, l'Éternel, est sur moi, ... pour proclamer aux captif la liberté (LSG) et à ceux qui sont en prison : vous allez revoir la lumière du jour ». (PDV) (Esaïe 61 :1).

Jésus est venu pour proclamer aux captifs la liberté et à ceux qui sont en prison le retour à la lumière ! Quelle merveilleuse nouvelle ! Nous avons parlé de la libération du péché, mais que signifie pour une veuve d'être libérée de la noire prison du deuil ?

La libération de l'esclavage du deuil

Il arrive que des personnes aient besoin de l'aide des autres pour les aider à distinguer le cheminement pour surmonter le deuil. Dans un premier temps, la veuve se sent comme esclave de son deuil, a la sensation que son deuil ne prendra jamais fin, et qu'elle ne pourra plus jamais revivre l'amour et la joie. Mais d'autres, qui sont déjà passées par le processus de deuil, peuvent assurer à la nouvelle veuve qu'il y a une espérance. Elles ont trouvé la libération, et elle aussi la trouvera ! Cela crée un merveilleux effet de cascade non seulement pour la veuve, mais aussi pour la vie des générations à venir !

Harriet Tubman est un bel exemple d'un tel effet de cascade. Harriet, chrétienne fervente et héroïne de la période qui a précédé la guerre de Sécession aux États-Unis, a personnellement conduit vers la liberté des centaines d'esclaves américains. Née esclave vers 1820 (elle ne connaissait pas la date exacte de sa naissance), Harriet a fui l'esclavage en 1849 et est revenue dans les États du Sud à de nombreuses reprises pour délivrer des membres de sa famille et d'autres personnes, toujours esclaves. Elle a œuvré au développement de ce qu'on a appelé l'« Underground Railroad », (UGRR, en français : chemin de fer clandestin). Cette appellation désigne un système de bâtiments sûrs et à l'abri des regards, organisés pour faire passer clandestinement des esclaves du Sud vers la liberté, au Nord *(Biographie d'Harriet Tubman, s. d.).*

Avant sa fuite, Harriet Tubman a déclaré : « J'avais raisonné ainsi pour ma part : il y a deux choses auxquelles j'ai droit, la liberté ou la mort ; si je ne peux pas avoir l'une, j'aurais l'autre ». Longtemps après, elle décrivit sa fuite comme « glorieuse ! » « Quand je découvris que j'avais franchi cette ligne, je regardai mes mains pour voir si j'étais la même personne. Il y avait une telle gloire sur tout : le soleil est apparu comme l'or à travers les arbres et sur les champs, et je me sentais comme si j'étais au Paradis. »

Mais profiter de cette liberté ne suffisait pas à Harriet. Elle était seule dans ce pays libre et voulait que d'autres puissent profiter de cette liberté. « J'avais franchi la ligne dont j'avais tant rêvé. J'étais libre, mais il n'y avait personne pour m'accueillir au pays de la liberté ; j'étais une étrangère dans une terre inconnue. »

Harriet n'a jamais été physiquement forte, ayant souffert de séquelles permanentes à la suite des châtiments corporels violents et des sévices subis lorsqu'elle était esclave. Mais elle était courageuse et indestructible. Cette Moïse de notre temps a affronté de graves dangers et de dures épreuves pour guider d'autres personnes vers la liberté. William H. Seward[1] a dit à son sujet : « Je la connais depuis de longues années, et rarement une enveloppe humaine aura abrité esprit plus noble, plus élevé ou plus authentique.

Courageusement, Harriet s'était jurée de conduire beaucoup d'esclaves à la liberté :

> Mais j'ai pris cet engagement solennel : J'étais libre, et ils devraient être libres, eux aussi ; je leur préparerais un foyer dans le Nord et, avec l'aide du Seigneur, je les y amènerais tous. Oh, comme j'ai alors prié, allongée seule sur le sol froid et humide. Je disais :« Ô, Seigneur bien-aimé, Je n'ai aucun autre ami que Toi. Viens à mon secours, Seigneur, car je suis dans la détresse ! »

Et en effet Il a apporté le secours attendu lorsqu'elle conduisait des centaines d'esclaves vers la liberté. Harriet se réjouissait de cette victoire en déclarant : « J'ai été conductrice dans le Chemin de Fer Clandestin pendant huit ans, et je peux affirmer ce que la plupart des conducteurs ne peuvent dire : je n'ai jamais laissé mon train quitter la voie, et je n'ai jamais perdu un seul passager. »

De façon surprenante, certains esclaves américains choisissaient de rester dans la servitude. De la même manière, nous, les veuves, sommes devant un choix. Allons-nous choisir de demeurer dans le deuil ou de faire notre travail de deuil ? Que nous soyons veuves depuis très peu de temps ou depuis plus longtemps, nous avons toutes périodiquement besoin de sonder nos habitudes et nos pensées. Nous poussent-elles à aller de l'avant, ou nous gardent-elles dans l'esclavage du deuil ?

En marche vers la liberté

Comme Il l'a fait pour Harriet Tubman, Dieu a utilisé Moïse pour délivrer son peuple de l'esclavage en Égypte. Dans le désert, le peuple s'est plaint bruyamment de Dieu et de Moïse. Il a murmuré à propos de la manne, s'est lamenté pour les cailles, a pleurniché parce qu'il n'y avait pas d'eau et a voulu retourner vers l'esclavage

---

[1] NDT : William Henry Seward (1801-1872) est un avocat et homme politique américain. Gouverneur puis sénateur de l'État de New York, il devient secrétaire d'État des États-Unis entre 1861 et 1869 sous la présidence d'Abraham Lincoln, puis sous celle de son successeur Andrew Johnson.

en Égypte. Certains ont même souhaité mourir. Ils ont perdu de vue leur destination - la Terre Promise. Ils ont fait des choix en fonction de ce qu'ils ressentaient plutôt qu'en se remémorant le plan de Dieu pour eux.

Une veuve peut faire de même. Elle peut choisir de s'investir à nouveau dans la vie, ou elle peut refuser la liberté en faisant de mauvais choix pour engourdir sa douleur. Tout en vous procurant un soulagement à court terme, la suractivité, les excès alimentaires, la fièvre des achats, le sexe, le drogue, l'alcoolisme ou même un remariage prématuré vous feront du mal. 1 Timothée 5 : 6 dit : « (...) mais [la veuve] qui vit dans les plaisirs est morte, quoique vivante. » De tels comportements peuvent aussi compliquer le travail de deuil et retarder la guérison.

Mais il existe des pensées plus subtiles qui peuvent également compromettre le processus de deuil. Il est parfois plus difficile de détecter des attitudes telles que : s'apitoyer sur soi-même, entretenir sa colère ainsi qu'éviter ou ignorer nos réactions au deuil plutôt que d'y faire face. Dans de telles situations, une veuve peut avoir besoin de l'aide d'un professionnel.

Restez en contact

Les retards dans le processus de deuil échappent parfois à notre contrôle. Des problèmes connexes tels que notre propre santé, l'éducation des enfants, les exigences du travail et nos préoccupations financières peuvent accaparer nos pensées à un tel point que notre deuil semble s'en trouver exclu. Mais pour être libérées de l'esclavage du deuil, nous avons encore besoin de Dieu et des autres. Lorsqu'une femme vit la disparition dévastatrice de son mari, elle peut choisir de s'isoler ou de se rapprocher des autres. Chaque fois qu'elle partage le récit de son deuil avec des personnes sûres, ce contact lui permet d'avance, de cheminer vers la liberté.

Linda témoigne : J'ai épousé Kirby Smith en avril 1976. Peu après, nous avons déménagé à Seattle, trouvé des emplois et fondé une famille. Nous avons eu deux enfants, Wendy et Tyler. En 2010, on a diagnostiqué une leucémie lymphoïde chronique (LLC) chez Kirby. Wendy avait épousé Cameron et avait deux petits garçons, Caz et Kayson, que nous aimions tendrement. Wendy et les garçons venaient nous voir tous les mercredis. C'était le moment fort de notre semaine.

En 2012, Kirby a choisi de subir une chimiothérapie afin de prolonger sa vie. Il ne voulait pas nous abandonner, Caz, Kayson et moi. Bien sûr il aimait nos propres enfants, mais constatait que nous avions fini de les élever. Tyler avait reconsacré sa vie à Christ en 2009 et avait rapidement mûri spirituellement. Wendy et Cameron étaient des chrétiens affermis. Loué soit Dieu !

En janvier 2013, Tyler nous a présenté l'amour de sa vie, Subha. Elle est venue chez nous pour le premier de l'an, et nous l'avons aimée immédiatement. Lorsqu'elle a connu Kirby, il allait très bien.

Le même mois, on m'a diagnostiqué une fibrillation auriculaire grave et on m'a dit que je devrais subir une opération pour y remédier. Cette opération était prévue pour le 10 avril.

En mars 2013, Kirby tomba malade. Je l'ai supplié d'aller consulter un médecin, mais après avoir surmonté tant de hauts et de bas dans sa LLC, il n'a pas voulu admettre la gravité de sa maladie avant qu'il ne soit trop tard. Wendy et Cameron, de la famille habitant près de chez nous et des amis locaux se sont joints à moi à son chevet à l'hôpital, jour après jour, priant et espérant la guérison ; mais elle ne s'est pas produite.

Tyler et Subha sont venus de Californie rendre visite à Kirby à l'hôpital. Tyler a ouvert son cœur à Kirby, remerciant Dieu de lui avoir donné un père si merveilleux et si proche de Dieu. Dans la prière, Kirby a béni Tyler et Subha, puis ils ont dû dire adieu et repartir pour la Californie. Ce fut la dernière fois qu'ils l'ont vu vivant.

Ma mère et mon père s'étaient organisés pour venir du Minnesota pour s'occuper de moi après mon opération du cœur du 10 avril qui a été reportée. Au lieu de cela, ils sont venus m'aider à enterrer mon mari bien-aimé. Dans les premières heures du 16 avril 2013, Kirby est parti rejoindre le Seigneur.

Aucun mot ne peut décrire la perte que j'ai ressentie alors que nous quittions l'hôpital sans mon cher mari. Même si j'étais toujours entourée des miens et de mes amis, il me semblait impossible de pouvoir continuer à vivre sans l'amour de ma vie. Ce jour-là, je ne pouvais pas concevoir d'être libérée du deuil dans le futur.

Ma famille comptait dans ses rangs des serviteurs de Dieu, mes parents : les révérends Virgile et Ruth Rasmussen. Quel réconfort c'était de les avoir là, avec moi et pour moi. Ils m'apportaient une aide précieuse qui correspondait exactement à mes besoins. Ils revinrent Seattle en mai pour mon opération du cœur. Ce fut encore une immense bénédiction. Cette fois-ci, ils restèrent trois semaines !

Avant mon opération du cœur, je ne tenais que peu à la vie. Parce que je savais que Kirby était déjà au ciel, j'aurais été ravie l'y rejoindre. Après avoir survécu à mon opération du cœur, j'ai réalisé que je n'étais pas encore sur terre sans raison. J'ai commencé à guérir de tout ce que j'avais perdu. J'ai dû admettre que Kirby ne reviendrait jamais. La douleur physique consécutive à l'opération ma rappelait constamment la dévastation affective causée par son absence.

J'ai dû délibérément choisir de me rapprocher de Dieu et des autres, et de ne pas me cloîtrer dans la sombre prison de mon deuil. Avoir maman et papa avec moi a été une immense bénédiction ! Nuit et jour, ils m'ont donné de l'espérance. Ma famille et mes amis m'entouraient avec un amour et une gentillesse constants. J'étais parfois capable d'avancer seule dans la convalescence de mon deuil, et parfois d'autres savaient ce qu'il convenait de faire pour moi. J'étais très heureuse lorsque Wendy m'apportait le dîner, accompagnée par mes petits-fils. Plus d'une personne m'a téléphoné en me disant : « Viens te promener » ou « Viens déjeuner avec moi ». Rester en contact avec Dieu et avec des personnes qui se souciaient profondément de moi m'a progressivement libérée de l'emprise du deuil.

En partageant mon histoire avec vous, j'ai reçu un niveau encore plus élevé de guérison Si vous choisissez de partager votre histoire avec d'autres, vous pouvez vous aussi vivre un niveau supérieur de libération du deuil.

Questions de discussion

1. Si vous ne l'avez pas déjà fait, réfléchissez : avec qui pouvez-vous partager l'histoire de votre deuil ?

   _____
   _____
   _____
   _____
   _____
   _____
   _____
   _____
   _____

2. Au fur et à mesure que nous avançons dans le processus de deuil, nous pouvons découvrir des attitudes et des manières de pensée qui ne sont pas utiles. En mettant en pratique la Parole de Dieu dans ces domaines, nous ferons l'expérience de la croissance et de la libération. Pouvez-vous citer certains de ces domaines dans votre vie ?

   _____
   _____
   _____
   _____
   _____
   _____
   _____
   _____
   _____

3. Si vous étiez libre dans ces domaines, en quoi votre vie serait-elle différente ? À quoi ressemblerait-elle ?

   _____
   _____
   _____

_____
_____
_____
_____
_____
_____

4. En tant que veuves, nous pouvons avoir besoin de l'aide des autres pour être libérées. De quelle manière vous imaginez-vous avoir besoin des autres dans votre processus de libération ? À qui pensez-vous pouvoir demander de l'aide dans ces domaines de votre vie ?

_____
_____
_____
_____
_____
_____
_____
_____
_____

Devenir plus forte : Recommandation no 4
Rejetez tout fardeau

Avec l'aide de Dieu, débarrassez-vous-en

Chapitre quatre
Rejetez tout fardeau
Avec l'aide de Dieu, débarrassez-vous en

> « Nous donc aussi, puisque nous sommes environnés d'une si grande nuée de témoins, rejetons tout fardeau et le péché qui nous enveloppe si facilement, et courons avec persévérance l'épreuve qui nous est proposée »
> (Hébreux 12 : 1).

Certaines d'entre nous ont eu la bénédiction de vivre avec un mari aimant et n'ont pas de regrets marquants. Merci Seigneur pour cette bénédiction. Nous avons peut-être joui d'un merveilleux mariage avec un conjoint qui nous a aimées tendrement et nous a encouragées dans l'existence. Nos maris qui sont morts en Christ ont maintenant rejoint cette grande nuée de témoins, mais notre course n'est pas encore finie. Même ainsi, si nous voulons prendre part d'une manière performante et durable à cette course qui s'appelle la vie chrétienne, nous devons nous débarrasser de tout ce qui nous empêche d'avancer.

Qu'est-ce qui vous empêche d'avancer ?

Le premier pas qui mène à la délivrance des entraves implique une décision de notre part. Nous devons nous demander : « Suis-je prête à abandonner les choses qui m'ont retenue ? » Jusqu'à ce que nous répondions avec un « Oui ! » retentissant, nous restons entravées. Ces fardeaux ne vont pas disparaître comme par enchantement. Nous devons activement rejeter tout ce qui perturbe notre course. Par la suite, d'autres pourront suivre notre exemple et rejeter les fardeaux qui les freinent.

Voulez-vous être libre ?

Dans Jean 5 :1–15, nous lisons l'histoire d'un homme qui était à la piscine de Bethesda. Il souffrait d'une affection physique qui le paralysait depuis trente-huit ans. Il était couché près de la piscine, comme beaucoup d'autres personnes souffrant de handicaps divers. Elles attendaient, car un ange descendait périodiquement dans la piscine et agitait l'eau. Le premier qui descendait dans l'eau était guéri de sa maladie.

Jésus vint à la piscine et vit cet homme couché là. Sachant qu'il était infirme depuis longtemps, Jésus lui demanda : « Veux-tu retrouver la santé ? » (verset 6).

Quelle étrange question à poser à un homme qui attendait depuis si longtemps d'être guéri !

Le malade lui répondit : « Seigneur, je n'ai personne pour me jeter dans la piscine quand l'eau est agitée, et, pendant que j'y vais, un autre descend avant moi » (verset 7).

Il n'était pas conscient, à ce moment précis, qu'il parlait au Fils de Dieu qui l'avait créé, lui et tous les anges ! Jésus ne S'est pas fait connaître et n'a pas réprimandé cet homme pour son attitude désemparée et désespérée. Il a simplement dit : « Lève-toi, prends ton lit et marche. » Aussitôt, après 38 longues années, l'homme retrouva la santé, prit son lit et se mit à marcher !

Jésus nous met maintenant au défi à travers Sa Parole de rejeter tout ce qui nous entrave ! Comme l'homme de la piscine, nous pouvons choisir la manière dont nous allons Lui répondre. Au début de l'histoire, l'homme était focalisé sur une seule solution, l'ange agitant l'eau. Jusqu'à cet instant précis, c'était le seul espoir qui lui restait.

Au moment où le Fils de Dieu s'adressa à lui, il ne pouvait pas voir, au-delà de son « incapacité à bouger », les opportunités de miracles qui se tenaient juste devant lui ! Il répondit par son explication : « ça a toujours été comme cela ». Jésus lui donna une tâche qui exigeait non seulement de la foi, mais aussi un geste d'obéissance. Il crut, obéit, et fut guéri !

De même, il est tout à fait possible que les choses dans lesquelles nous nous enlisons et qui empêchent notre deuil se fassent passer pour de vieilles connaissances. Nous ne sommes peut-être pas totalement conscients de notre besoin de changement. Ou peut-être reconnaissons-nous un besoin de changement, mais nos schémas de survie erronés se sont transformés en habitudes destructrices. Nous voulons être libres, mais nous nous accommodons bien trop facilement du caractère familier de notre fardeau. S'aventurer dans la liberté présente un risque, et cela peut paraître effrayant. Ou bien peut-être essayons-nous de de changer, échouons et, tel l'homme de la piscine restons vaincues, désemparées et désespérées.

Compte tenu de tous ces défis, comment faire face à la tendance à la passivité ? Nous devons activement éviter de nous cramponner à nos vieux fardeaux. Si nous voulons être libres, notre première décision, et la plus importante, exige simultanément foi et action : JETEZ-LES !

Avec l'aide de Dieu, débarrassez-vous-en !

Quand nous sommes prêts à prendre cette décision, comment faire ? S'en remettre à sa propre volonté peut convenir pendant un temps, mais un changement profond et permanent nécessite plus qu'une décision basée sur cette volonté. Pour changer de direction dans la vie, nous avons besoin de conseils clairs et de beaucoup de soutien. Des groupes d'accompagnement des veuves tels que « GriefShare » et d'autres groupes de veuves offrent souvent le réconfort, l'amitié, les encouragements et la structure nécessaires. Pour tirer profit de ce système de soutien, il est impératif de rester en relation à Dieu et avec d'autres chrétiens. L'isolement comporte des risques ! Fréquentez une Église. Joignez-vous à un groupe d'études Bibliques. Assurez-vous de vous entourer de personnes qui comprennent l'importance de vivre une vie de choix selon Dieu et de rejet des comportements destructeurs.

Dieu a de bons plans pour quiconque se tourne vers lui. Il promet dans Psaumes 51 :17 qu'il ne dédaignera toute personne qui vient à Lui avec un cœur brisé et contrit. Mais cette démarche d'humilité n'est que la première étape. Dieu ne s'arrête pas là ! Si nous donnons notre vie à Dieu, c'est Lui-même qui nous rend capable « de vouloir et de faire les actions qui lui plaisent » (Philippiens 2 :13, PDV). Comme dans le cas de l'homme près de la piscine, Jésus nous donne les moyens de faire ce qui nous était auparavant impossible par nos propres forces. Non seulement Jésus nous aide, mais il nous donne un système de soutien prêt à l'emploi dans le corps du Christ, l'Église.

Tenez jusqu'au bout.

Au delà du simple rétablissement, Dieu a de GRANDS rêves et de GRANDS plans pour chacun de nous en collaboration avec Lui ! Éphésiens 2 :10 dit : « Car nous sommes Son ouvrage, nous avons été créé en Christ-Jésus pour des œuvres bonnes que Dieu a préparées d'avance, afin que nous les pratiquions. » Il veut que nous nous imprégnions de Sa Parole, que nous nous imbibions de Ses aspirations, puis Lui demandions de grandes choses ! En agissant ainsi, nous pouvons être sûres que nous pourrons expérimenter Sa puissance, parce qu'Il a promis : «Si vous demeurez en moi et que mes paroles demeurent en vous, demandez tout ce que vous voudrez, et cela vous sera accordé» (Jean 15 :7).

Dans de tels moments, rappelez-vous de rester centrée sur Jésus, «l'auteur de la foi et qui l'amène à la perfection» (Hébreux 12 :2). Il a commencé cette œuvre bonne en vous, et il achève tout ce qu'il commence ! Il continuera à travailler en vous et à travers vous jusqu'au jour où vous franchirez au Ciel la ligne d'arrivée (Philippiens 1 :6).

Relevez-vous !

Il peut arriver que des veuves aient peur d'entamer un tel processus par crainte de ne pas arriver jusqu'au bout. S'y engager exigera sans doute que vous mettiez de côté la peur de l'échec, tout en réalisant qu'il est effectivement vrai que les êtres humains échouent. C'est pour cela que nous avons besoin d'un Sauveur ! Jésus est le seul être humain parfait qui n'ait jamais marché cette terre. Mais, parce qu'il est aussi pleinement Dieu, Il est capable de nous offrir le pardon et de nous restaurer alors même que nous sommes loin de la perfection ! Si nous tombons, nous nous relevons, non pas en nous cachant sous l'effet de la honte, mais en nous approchant « ... Avec assurance du trône de grâce, afin d'obtenir miséricorde et de trouver grâce, en vue d'un secours opportun » (Hébreux 4 :16) !

Questions de discussion

1. Comment décririez-vous la « course » à laquelle vous participez ? Est-ce un « marathon » ou un « sprint » ? Pourquoi ?

   _____
   _____
   _____
   _____
   _____
   _____
   _____
   _____

2. Demandez à Dieu de vous montrer quel est Son regard sur votre « course ». Y a-t-il quelque chose qui vous ralentisse et vous empêche de courir comme vous le souhaitez ? Qu'est-ce qui serait nécessaire pour « se débarrasser » de cet obstacle dans votre vie ?

   _____
   _____
   _____
   _____
   _____
   _____
   _____
   _____
   _____
   _____
   _____
   _____

3. Rappelez-vous de ceci : nous ne courons pas seules, mues par notre propre énergie. Remettez votre « course » à Dieu et demandez-Lui de vous libérer de tout ce qui vous ralentit ou vous fait trébucher.

_____
_____
_____
_____
_____
_____
_____
_____
_____
_____
_____
_____

Devenir plus forte : Recommandation no 5

Levez continuellement les yeux

Faites de votre Croissance personnelle votre priorité absolue, avant même celle qui consiste à surmonter votre deuil.

Chapitre cinq
Levez continuellement les yeux
Fixons nos yeux sur Jésus

« [... Courons avec persévérance l'épreuve qui nous est proposée, (verset 1)] les yeux fixés sur Jésus, qui est l'auteur de la foi et qui la mène à la perfection. Au lieu de la joie qui lui était proposée, il a supporté la croix, méprisé la honte, et s'est assis à la droite du trône de Dieu » (Hébreux 12 :2).

Est-il possible que bon nombre de soi-disant « coïncidences » ne soient en fait que des interventions secrètes de Dieu dans nos vies, sans que nous les identifiions comme telles ? Gardons les yeux fixés sur Jésus, cela nous aidera à réaliser qu'Il agit dans nos situations quotidiennes. Lorsque nous sommes conscientes de la présence de Dieu, nous nous rappelons le Psaume 139 :5 : « Tu m'entoures par derrière et par devant, et Tu mets ta main sur moi ». En d'autres termes, il nous enlace d'un bras et nous guide de l'autre !

Le Dr Meier nous partage : j'ai élaboré une prière en quatre points que je fais presque tous les matins. Nos douze recommandations pour devenir plus forte intègrent ces quatre principes afin de surmonter le deuil et croître pendant cette période.

La prière du matin en quatre points élaborée par le Dr Meier :

1 Seigneur, aidez-moi à Te ressembler toujours plus aujourd'hui. Grâce à cette simple prière, je suis capable de fixer mes yeux sur Jésus. Si quelque chose va mal aujourd'hui, je peux remercier Dieu au cœur même du problème, car je sais que cela m'aidera à accomplir le désir que j'ai présenté dans la prière ce matin-là, celui de ressembler toujours plus à Jésus.

Sans les difficultés et les déceptions, je ne grandirais pas très vite. Je prie également que Dieu m'aidera à bien L'écouter et à apprendre autant que possible de bon cœur !

2 Seigneur, aide-moi à Te servir aujourd'hui. Je ne recherche pas un gain personnel, mais à ce qu'aujourd'hui, dans l'amour, Dieu tende la main au monde à travers moi et apporte une joie qui bénisse au moins une personne.

3 Seigneur, aide-moi à être délivré du mal aujourd'hui. Je sais que je suis pécheur, parfaitement capable de pécher tant par action que par omission. Mais tout péché blesse quelqu'un—Dieu, les autres, ou moi— aussi je ne veux vraiment pas céder à la tentation et pécher.

4 Seigneur, aide-moi à apprendre et à grandir quoi qu'il arrive aujourd'hui. Je m'attends à mener une vie normale, et toutes les vies normales comportent des revers, des échecs et des crises. Je m'attends à connaître une ou plusieurs déconvenues par jour. Quand plusieurs jours s'écoulent sans qu'il y en ait une, je considère qu'il s'agit de journées « cadeau ».

Si je suis capable de garder les yeux fixés sur Jésus, je verrai les choses sous une perspective éternelle. J'avais l'habitude de me mettre en colère, même avec Dieu, lorsque j'affrontais des déconvenues et des crises. Elles me surprenaient, voire me bouleversaient, comme si en fait j'avais droit à une vie sans calamités. J'avais également tendance à « dramatiser » (à supposer le pire), lorsqu'il m'arrivait des problèmes. Maintenant, je peux prendre un peu de recul, prendre du champ et réaliser que Dieu m'aidera à passer au-delà de tout ce qui se met en travers de mon chemin. En fait, il utilisera ces choses pour me faire grandir !

Fixez votre regard, fixez-le...

Ce nouveau type de perspective ressort lorsqu'on choisit de façon répétée de garder nos yeux fixés sur Jésus. Quelle belle alternative, plutôt que de prêter une attention constante centrée sur nous-mêmes et nos problèmes ! Les êtres humains sont naturellement quelque peu égocentriques. Il est facile de tourner notre regard vers nous-mêmes et de nous concentrer sur nos besoins et nos désirs.

Lorsque la Bible emploie le terme « fixer », elle ne se réfère pas à un regard occasionnel, mais à l'action volontaire de se détourner d'une chose pour se focaliser sur une autre. Il est difficile de fixer nos regards à la fois sur nos propres problèmes et sur Jésus. Mais en pratique on peut choisir de réfléchir au regard qu'Il pose sur nos difficultés, puisque de toute façon être obsédée par nos propres luttes est inopérant. Jésus a de meilleures solutions à nos problèmes.

Une perspective à long terme

Parfois, les épreuves sont si grandes qu'il est difficile de penser à quoi que ce soit d'autre. Lorsque nous perdons notre époux, le deuil peut miner tout notre être. C'est alors que nous avons besoin de foi et de patience pour nous aider à détourner les yeux de notre deuil pour les fixer sur Jésus, qui peut nous offrir une nouvelle perspective. Fixer les yeux sur Jésus peut nous rappeler que Dieu est pour nous et non pas contre nous. Ses desseins sont plus élevés que les nôtres.

Un bâtiment au centre de l'Université de BIOLA, dans la ville de La Mirada en Californie, est orné d'une belle fresque de plus de 9 mètres de haut représentant Jésus. Il est vêtu d'une robe rouge et présente une grande Bible noire. Souvent appelée la « fresque de Jésus », cette œuvre étonnante, offerte au campus en 1990 par le talentueux peintre muraliste Kent Twitchell, a pour titre officiel « la Parole ». En plus d'être belle, elle est surprenante car, du fait de sa hauteur, ceux qui passent devant ont l'impression que le regard de Jésus les suit.

Le Psaume 139 nous apprend que depuis le premier instant où

nous avons été conçus jusqu'à aujourd'hui Dieu a toujours veillé étroitement sur nous, profondément intéressé par chaque aspect de notre vie. Et maintenant, Il demande que nous gardions les yeux fixés sur Lui ! En faisant cela, nous réaliserons rapidement que, quelle que soit l'ampleur apparente de nos problèmes, Jésus est beaucoup, beaucoup plus grand ! Et que Ses yeux sont toujours tournés vers nous !

Transformer la crise en opportunité

Nous pouvons trouver du réconfort dans Romains 8 :28 (Dieu fera coopérer toutes choses à notre bien), mais Romains 8 :29 est tout aussi important que le verset 28. Au verset 29, nous apprenons que Jésus a « connu d'avance » que nous croirions en Lui un jour. D'autres passages de la Bible nous révèlent que Dieu dans sa prescience nous connaissait intimement et personnellement avant même qu'Il ait créé ce monde. Le verset 29 continue en disant que le but de Dieu pour notre vie est que nous devenions semblables à l'image de Christ. Cela signifie que Dieu veut que nous développions un caractère et un amour toujours plus profond, à l'image du caractère et de l'amour de Jésus.

Prenez une minute ou deux pour réfléchir à tout ceci. Quand vous faites votre deuil, Dieu vous aime toujours et éprouve de l'empathie pour vous. Jésus sait ce que vous ressentez car Il a aussi enduré beaucoup d'épreuves durant Sa vie terrestre. Il veut vous aider. Mais selon Sa perspective éternelle, son plus grand objectif est de vous amener à être conforme à Son image. Il veut vous aider à résoudre vos problèmes, mais ce que vous apprendrez de votre deuil deviendra entre Ses mains un outil de sculpteur qui lui permettra de vous transformer en une belle femme de caractère.

Néanmoins accumuler les épreuves pour vous rendre semblable à l'image de Jésus ne signifie pas que Dieu est à l'origine de votre affliction. Une fois qu'Il vous aura aidée à surmonter la difficulté présente, Il promet de vous rendre plus forte que jamais !

La Bible dit que nous pouvons être reconnaissantes en toutes choses, mais il faut être une vraie sainte pour être reconnaissante pendant un deuil. Bien que cela soit souvent difficile, il nous arrive parfois d'y arriver.

Libérées du repli sur notre peur

Fixer nos yeux sur Jésus peut nous protéger des peurs de la perte et de l'échec. Bien que nous souffrions toutes de la perte, nous n'avons pas à craindre qu'elle nous détruise.

La Bible nous relate l'histoire de grandes veuves telles que Anne, Marie mère de Jésus, Ruth et Naomi, et la veuve de Sarepta, qui ont surmonté des blessures et un chagrin immenses. Dans tous ces cas, comme elles sont restées fidèles à Dieu, leur détresse s'est finalement changée en victoire car Dieu les a conduites à la surmonter.

Préoccupées par « le Bien »

Nous nous laissons parfois détourner du Seigneur et fixons nos yeux sur d'autres choses. Même les bonnes choses deviennent des entraves si elles nous éloignent des voies de Dieu.

Luc 10 :38–42 raconte l'histoire de deux sœurs qui ont eu la grande chance d'accueillir Jésus dans leur maison. Quel honneur ! Au cours de ce récit, nous découvrons que les deux sœurs ont réagi à la situation de deux façons totalement différentes. Alors que Marthe lança l'invitation et commença tous les préparatifs pour servir Jésus, sa sœur Marie s'assit aux pieds de Jésus et écouta son enseignement.

Marthe était une hôtesse consciencieuse, mais elle s'emballa un peu trop. Elle était tellement inquiète et anxieuse de travailler pour Jésus qu'elle oublia de prendre le temps de profiter de Sa présence comme Marie le faisait. Lorsque Marthe se plaignit à Jésus de ce que Marie ne l'aidait pas, au lieu de réprimander Marie et de l'envoyer dans la cuisine, Jésus appela tendrement Marthe par son prénom- à deux reprises ! Il savait qu'elle était distraite par beaucoup de choses et lui a enseigné la priorité essentielle qui remet tout le reste en perspective : tourner son attention vers Jésus. Il a surpris Marthe en l'encourageant à ressembler plus à Marie.

Jésus dit : « Or une seule chose est nécessaire. Marie a choisi la bonne part, qui ne lui sera pas ôtée » (verset 42).

Mary Beth témoigne : j'ai souvent réfléchi à l'ironie de mon prénom, car j'ai fortement tendance à être une « Marthe » plus qu'une « Marie ». Ma bonne endurance et ma profonde conscience professionnelle ont été des bénédictions pour moi, mais je dois régulièrement m'astreindre à ne pas me surmener. Comme Marie, j'AIME tout à fait passer du temps « assise aux pieds de Jésus », en lisant la Bible ou en priant dans mon kiosque de jardin. L'une des plus grandes joies de ma vie a été de me réunir avec de bons amis pour étudier la Bible et pour prier. Je dois cependant faire attention à ne pas me laisser tyranniser par la dictature de mes listes de tâches, au risque de passer en mode totalement « Marthe ». Ma famille vous dira que notre maison est beaucoup plus paisible et joyeuse si mon cœur reste « en mode Marie » pendant que j'effectue mes tâches journalières.

Restez vigilante

Enfin, dans nos efforts pour nous centrer sur Jésus, nous devons rester conscientes du fait que nous avons un ennemi qui aimerait bien nous voir sortir de la route. Il est ravi de placer devant nous des tentations : soucis du monde, séduction des richesses et autres convoitises (Marc 4 :19).

Un autre rôle du diable est d'accuser les chrétiens, particulièrement ceux qui ont subi une perte. Il essayera de vous décourager, d'ébranler votre confiance, et même de vous pousser à vous haïr vous-même. En situation de crise, il essaye de vous convaincre d'abandonner. Il tentera de vous distraire ou de vous décourager.

C'est pourquoi 1 Pierre 5 :8 nous met en garde, « Soyez sobres. Veillez ! Votre adversaire, le diable, rôde comme un lion rugissant, cherchant qui dévorer. »

Outre les influences extérieures, la faiblesse de notre chair peut aussi nous faire sortir de la route. La fatigue causée par le deuil et les obligations quotidiennes peuvent nous conduire à perdre de vue notre objectif. Heureusement, en Christ, nous avons la protection nécessaire contre l'ennemi, et la puissance du Saint-Esprit pour surmonter les faiblesses de notre chair.

Un objectif commun

Nous pouvons également être encouragées en nous remémorant sans cesse que nous n'avons pas à accomplir cela seule. L'Écriture dit : « GARDONS les yeux fixés sur Jésus » (PVV) (Hébreux 12 :2 met l'accent sur la deuxième personne du pluriel). En tant que corps de Christ, nous sommes solidaires lorsque nous regardons Jésus : notre Modèle, notre Aide, notre Maître, notre Source, notre Réconfort, notre « Premier-né entre plusieurs frères », l'Auteur et le Consommateur de notre foi !

Questions de discussion

1. Le Notre Père commence par ces mots : « Notre Père, qui es aux cieux ! Que ton nom soit sanctifié » (Matthieu 6 :9-10a). Jésus nous enseignait à garder les yeux fixés sur Dieu et sur Sa personne avant que nous ne commencions à Le prier pour nos besoins. Prenez quelques instants et énumérez quelques moyens par lesquels nous pouvons « sanctifier Son nom » - donner louange et gloire à Son nom.

_____
_____
_____
_____
_____
_____
_____
_____
_____

2. Lisez le récit de Pierre marchant sur l'eau en Matthieu 14 :22–33. Qu'est-ce qui a poussé Pierre à marcher sur l'eau ? Qu'est-ce qui a effrayé Pierre ? Que s'est-il passé lorsqu'il a eu peur ? Comment cela peut-il s'appliquer à votre processus de deuil ?

3. Si nous quittons Jésus des yeux et regardons la tempête autour de nous, cela peut nous faire fléchir dans notre foi. Nous concentrer sur Jésus renforce notre foi, puisqu'il est l'Auteur et le Consommateur de notre foi ! Examinez dans votre vie les situations qui vous ont amenée à regarder « la tempête » plutôt que Jésus. Prenez maintenant un moment pour louer le Seigneur pour Son merveilleux nom, et ensuite confiez-Lui vos soucis.

4. De quelle manière le fait de travailler sur votre deuil vous a-t-il permis de devenir plus forte que vous ne l'avez jamais été ?

Devenir plus forte : Recommandation no 6
TENEZ BON

À chaque fois que vous avez envie de renoncer, persévérez.

Chapitre six
Tenez bon
Pour la joie qui vous est proposée ... PERSÉVÉREZ !

« Regardons toujours Jésus. C'est lui qui fait naître la foi et qui la rend parfaite. Il a accepté de mourir sur une croix sans avoir honte. En effet, il voyait d'avance la joie qu'il allait recevoir, et maintenant, il est assis à la droite de Dieu. » (PDV)
(Hébreux 12 :2).

Tenez-bon !

La persévérance !! Les défis de la vie peuvent parfois être très durs ! Même Thomas Edison, génie absolu et l'un des plus grands inventeurs de tous les temps, a déclaré : « Le génie est fait d'un pour cent d'inspiration et de quatre-vingt-dix-neuf pour cent de transpiration » (citation-celebre.leparisien.fr, « citations de Thomas Edison », s. d.). Edison a persévéré malgré de nombreuses inventions ratées, bien que cela ait représenté un travail acharné. Grâce à cela, nous pouvons désormais facilement appuyer sur un interrupteur et profiter d'un éclairage à incandescence- pour ne citer qu'une seule de ses grandes inventions. Ses rêves l'encourageaient à surmonter les obstacles.

Helen Keller est un autre exemple de courage et de persévérance. Dans sa toute-petite enfance, elle a perdu la vue et l'ouïe à la suite d'une fièvre mystérieuse et extrêmement élevée. Elle a vaincu sa surdité et sa cécité et est devenue une auteure, conférencière et militante de renommée mondiale. Saluée par Winston Churchill comme « la plus grande femme de notre époque » (Fondation Helen Keller, s. d.), Helen a été la première femme sourde et aveugle à obtenir une licence universitaire. Six universités à travers le monde, dont l'Université d'Harvard, lui ont également décerné le titre de docteur honoris causa et elle a rencontré tous les présidents américains de Grover Cleveland à Lyndon B. Johnson.

Source d'inspiration pour ceux d'entre nous qui se battent avec peu de moyens, Helen Keller a lancé cette exhortation : « Aveugles ou voyants, nous sommes différents les uns des autres, non pas par nos sens, mais par l'utilisation que nous en faisons, par l'imagination et le courage avec lesquels nous recherchons la sagesse au-delà des sens. » Et encore : « Ce n'est pas l'absence d'épreuves qui rend une vie heureuse, mais notre manière de les surmonter » *(Biographie de Helen Keller, s. d.).*

Mais derrière cette grande femme il y avait une autre grande femme, son professeur Anne Sullivan, qui avait également dû surmonter de grandes difficultés. Née dans une pauvreté extrême, elle avait perdu de nombreux membres de sa famille à la suite d'un décès ou d'un abandon. À l'âge de cinq ans, une maladie appelée

Trachome lui fit perdre une grande partie de sa vision. Anne et son petit frère Jimmy furent confiés à un hospice où Jimmy mourut trois mois plus tard *(Biographie d'Anne Sullivan, s. d.)*.

Seule et voulant à tout prix connaître une vie meilleure, Anne échappa à l'hospice en rejoignant l'école Perkins pour les aveugles. Non seulement Anne a-t-elle appris le braille et reçu une éducation, mais elle a aussi ensuite été opérée des yeux et a recouvré une grande partie de sa vision. Bien qu'Anne n'ait eu, au début de ses études, aucune expérience scolaire ni sociale, elle sortit major de sa promotion ! En juin 1886, elle prononça un discours de fin d'études dans lequel elle lançait un défi à ses camarades de promotion, « Le devoir nous exhorte à entrer dans la vie active. Allons-y avec joie, espoir et sincérité et fixons-nous pour objectif de trouver notre tâche particulière. Quand nous l'avons trouvée, accomplissons-la volontairement et fidèlement ; car chaque obstacle que nous surmontons, chaque succès que nous obtenons contribue à rapprocher l'être humain de Dieu. »

Avec cette mission clairement définie, Anne devint le professeur d'Helen Keller. Elle utilisa sa connaissance du braille acquise à l'École Perkins pour déverrouiller le monde tourmenté, ténébreux et silencieux dans lequel vivait Helen. Anne avait également été une enfant aveugle, perturbée et difficile ; cela lui a permis d'aimer Helen malgré ses accès de colère et son obstination du début. Elle n'abandonna pas. Par la foi, l'amour et la persévérance, elle découvrit le trésor qu'était la fillette prisonnière du jeune corps sourd et aveugle d'Helen. Sans les défis qu'Anne avait relevés et le sens de la mission qui en était résulté, elle n'aurait jamais atteint Helen et ne l'aurait pas préparée à devenir l'une des femmes les plus inspirantes de tous les temps.

En premier lieu, Anne dut enseigner à Helen le concept même de langage, puis la conduire à explorer la nouvelle vie merveilleuse qui s'offrait à elle. Plus tard, Helen raconta le moment où elle apprit son premier mot, « eau » : « Le mystère du langage me fut révélé. Je sus alors que « E-a-u » signifiait la merveilleuse chose fraîche qui coulait sur ma main. Ce mot vivant éveilla mon âme, lui donna de la lumière, de l'espoir et de la joie, la libéra ! » *(Biographie d'Helen Keller, s. d.)*. Helen continua de décrire le processus ardu de l'apprentissage : « Progressivement, à partir de la désignation d'un objet, nous avançâmes pas à pas jusqu'à parcourir l'immense distance qui séparait notre première syllabe balbutiée de l'ampleur de la pensée d'un vers de de Shakespeare ».

Des héros tels qu'Edison, Keller et Sullivan peuvent nous encourager et nous inspirer à persévérer quand la vie est dure. Mais un seul « héros », Jésus, sera toujours présent quand les difficultés pourront nous donner l'impression que nous ne pouvons pas aller plus loin. Dans ces moments, il est impératif que nous considérions Son exemple en tant qu'Auteur et Consommateur de notre foi. Comme Auteur de notre foi, Christ nous a donné une vie nouvelle.

En tant que Consommateur de notre foi, il ne nous abandonnera pas dans les temps difficiles. Il utilisera ces moments pénibles pour continuer à nous parfaire, *pas pour que ceux-ci nous définissent !*

Comment Jésus y est-il arrivé ?

Quand nous « fixons nos yeux » sur Jésus, nous voyons l'exemple parfait de la capacité à résister. Comment Jésus y est-il arrivé ? Tout d'abord, il a enduré la croix. Oui, Jésus était pleinement Dieu, mais de façon extraordinaire, il était également pleinement homme. Son corps physique ressentait chaque coup de fouet, chaque clou, chaque respiration insupportable. Plus de 700 ans avant la naissance de Jésus, le Prophète Ésaïe décrivait l'aspect de Jésus comme tellement altéré qu'il n'était « plus celui de l'homme, Son apparence n'était plus celle des fils d'Adam, » (Ésaïe 52 :14). Pourtant il l'a endurée !

Jésus a enduré la croix. Mais pourquoi l'a-t-il fait ? Et comment a-t-il été possible ? Hébreux 12 :2 dit que « la joie qui lui était proposée » l'a aidé à résister. Jésus n'a pas souffert pour rien ! Quelle était cette « joie » qui L'a aidé à supporter une telle souffrance ? Pour faire court, NOUS sommes sa joie. NOUS sommes la récompense de Sa souffrance !

Quand nous traversons les souffrances du deuil, la dépression nous conduit à la pensée erronée qu'il n'y a aucune issue - aucune lueur au bout du tunnel. Mais en tant que thérapeutes, le Dr Meier et Mary Beth rencontrent chaque jour des personnes qui ont résisté et trouvé la joie au bout de leur tunnel de douleur. Nous aussi devons avoir la foi qu'il y a une « joie qui nous est proposée » et résister jusqu'à ce que nous l'atteignions. Comme Bob, le défunt mari de Mary Beth, le disait souvent : « un jour, cette douleur disparaîtra et ne sera plus qu'un souvenir lointain. Alors, il y aura à nouveau de la joie. »

Jésus devait accepter de vivre dans un corps de chair et de sang pour devenir semblable à nous. Mais, parce qu'il était également pleinement Dieu, il a accompli quand il a subi la mort plusieurs choses extraordinaires. Tout d'abord, c'est pour chacun de nous qu'il a connu la mort. Il a vécu tout ce que nous subissons en tant qu'êtres humains, y compris la tentation de l'échec ou du renoncement

Il a payé le prix pour amener quiconque croit en Lui aux Cieux. Il a pris sur Lui les péchés du monde et est mort pour tous, afin que nous ayons la vie éternelle. Il a ouvert la voie pour que chacun de nous puisse devenir enfant de Dieu.

Mary Beth témoigne : j'ai regardé pendant trois mois mon cher mari Bob souffrir vaillamment, brièvement mais intensément du cancer. La foi en Dieu de Bob n'a jamais faibli. Bien qu'il ait combattu courageusement, la souffrance de Bob a pris fin le 13 juin 2019, lorsque Jésus est venu Lui-même pour le conduire au Ciel. Pendant la maladie de Bob, j'ai été réconfortée en me rappelant que Jésus a souffert - bien plus que Bob ne l'a jamais fait - quand Il est mort sur la croix pour ôter nos péchés et nous ouvrir la voie pour que nous le rejoignions un jour au Ciel. Enracinée dans cette grande vérité, notre famille a tenu ferme aux côtés de Bob.

La mort et la résurrection de Jésus ont scellé Sa victoire sur notre ennemi. La condamnation à mort de Satan a déjà été prononcée et sera exécutée au jour fixé par Dieu.

Jésus nous a aussi libérées de la peur de la mort ! Linda témoigne : La mort me faisait peur, mais j'ai vu mon mari Kirby quitter cette terre et aller au ciel. C'est la pire souffrance qui puisse atteindre une personne. L'homme avec lequel je ne faisais qu'un était parti. Le traumatisme que j'ai subi est évalué à 100 sur l'échelle de Holmes et Rahe qui mesure l'impact du stress. Il n'y a pas de plus grande perte. Après avoir survécu aux premiers temps du deuil, il m'est venu à l'idée que je pourrais probablement désormais tout endurer. Je n'avais plus peur de la mort. Que pourrait-on me faire, que je ne puisse endurer ? En tant que veuves, nous savons que la fin de cette vie n'est que le commencement de la vie éternelle avec Christ. Alors, où est le problème ?

Il est plus facile d'endurer lorsque vous comprenez le « Pourquoi »

Et si Jésus n'était pas allé jusqu'au bout ? Que se serait-il passé s'Il n'avait pas payé le prix de notre rachat ? Combien de fois avons-nous décidé de lâcher prise alors que nous affrontions des défis beaucoup moins importants ? Jésus savait exactement pourquoi le Père l'avait envoyé dans le monde. « Dieu, en effet, n'a pas envoyé son Fils dans le monde pour juger le monde, mais pour que le monde soit sauvé par Lui » (Jean 3 :17). Dieu merci, Jésus n'a pas abandonné à mi-parcours de la croix ! Lorsqu'il s'agit de ne jamais lâcher prise, Il est notre modèle !

Une veuve peut être tentée d'abandonner après la mort de son mari parce que la souffrance de son deuil est insoutenable. Encore une fois, rappelons-nous que la souffrance de Jésus était bien pire que celle d'une veuve. Selon le New Oxford American Dictionary, le mot « excruciating » (NDT: que nous avons traduit par « insoutenable ») vient du verbe latin du 16e siècle « *excruciat* » qui signifié « souffrir intensément », dont la racine est le mot « *crux* », en français « croix »[2]. Pourtant, Ésaïe 53 :4 dit que ce sont NOS souffrances et NOS douleurs, y compris l'angoisse inexprimable du deuil, qu'Il a portées en souffrant sur la croix.

Jésus nous comprend quand il devient difficile de tenir le coup

Jésus comprend la souffrance. Il sait que vivre dans ce monde déchu rend des temps de pertes et de deuil inévitables. Cependant,

---

2   NDT : On peut faire une telle analogie en français avec le mot *"crucifiant"* qui veut dire, au sens figuré, *"qui torture"* (source = *Dictionnaire analogique et alphabétique de la langue française* par Paul Robert)

Il nous exhorte à « prendre courage » parce qu'il a vaincu le monde (Jean 16 :33) !

Mais comment pouvons-nous « prendre courage » quand nous nous sentons vaincues et abattues ? Quand il n'y a plus d'espoir ? Lorsque nous sommes déprimées, une molécule appelée « sérotonine » s'épuise dans notre cerveau, ce qui nous conduit à penser que nous n'irons jamais mieux. Le traumatisme sévère que cause la perte d'un conjoint peut également être à l'origine de l'épuisement de la sérotonine dans le cerveau, entraînant une dépression et de l'anxiété. Mais nous, les veuves, pouvons surmonter la dépression avec les conseils et l'aide appropriés. Un traitement médicamenteux peut parfois s'avérer utile pour celles qui produisent naturellement peu de sérotonine. Prendre des médicaments contre la dépression et l'anxiété pendant un deuil est tout aussi raisonnable que de prendre de l'insuline en cas de diabète. Il faut traiter le déséquilibre chimique dans notre corps.

Il n'y a pas de honte à extérioriser nos émotions

Certaines d'entre nous ont grandi dans des foyers où nous nous sentions coupables si nous exprimions des émotions négatives. Plutôt que d'être réconfortées par les adultes, nous étions humiliées, critiquées, et même tournées en ridicule lorsque nous pleurions. On nous a appris que pleurer était une preuve de faiblesse. Nous avons cru les mensonges de nos figures d'autorité.

Le révérend Chris Taylor, conseiller pastoral dans le mouvement *Candlelight Ministries* suggère que nous fassions notre travail de deuil de la manière suivante :

1. N'enfouissons pas nos sentiments.
2. Faites remonter la souffrance de votre deuil. Commencez par les pieds et continuez à la repousser jusqu'à votre tête.
3. Extériorisez-la à travers vos yeux, en pleurant, ou à travers votre bouche, par des mots, des gémissements ou des cris. Évacuez-la !

Quand nous souffrons d'une grande perte, notre douleur cherche à s'exprimer. Pleurer est approprié- voire salutaire et nécessaire- pour avancer dans notre processus de deuil. La missionnaire Ruth Ost Martinez, du Calvary Ministerial Institute au Mexique, a perdu son mari et partenaire dans le ministère, Victor, en septembre 2019. Bien qu'elle ne soit veuve que depuis peu de temps, Ruth exerce un ministère auprès de nombreuses femmes ayant perdu récemment leur mari. Lorsque Ruth apprend qu'il y a une nouvelle veuve, elle prend sa voiture et la conduit quelque part dans les montagnes. En chemin, Ruth parle à la nouvelle veuve de l'Esprit Saint et de son mari. Ensuite, elle lui demande ensuite si elle peut lui chanter une chanson. Pendant qu'elle chante, les émotions de la veuve commencent à remonter en elle. Elle commence à pleurer puis finit par extérioriser les très profonds sanglots qu'elle retenait en elle. Certaines fois, Ruth sort de la voiture ou laisse la veuve sortir de la voiture pour qu'elle puisse crier, hurler et gémir. D'autres fois, Ruth étreint simplement la veuve pendant qu'elle sanglote.

Ruth nous a raconté comment son mari Victor Martinez marchait toujours près d'elle, la main sur son épaule. Ruth dit qu'elle aimait sentir la main de Victor sur son épaule car elle se sentait en permanence très aimée et en sécurité. À travers le délicat contact de Victor, Ruth ressentait sa protection, sa direction et parfois même sa douce correction ! En espagnol, le Saint-Esprit est le "Consolador" - celui qui est à vos côtés. Ruth rappelle à elle-même et aux autres veuves que le Saint-Esprit est toujours près de nous. Il dit : « Je suis ici pour toi. Tu n'es pas seule. Je serai toujours à tes côtés. »

Victor et Ruth ont eu l'occasion d'enregistrer des enseignements pour la télévision. Le directeur de la production leur a donné des écouteurs. Il leur a demandé de ne pas écouter les voix extérieures, mais de se concentrer sur sa voix transmise par les écouteurs. De la même manière, Ruth encourage les nouvelles veuves à voir dans ce qu'elles vivent une opportunité de connaître l'Esprit-Saint d'une nouvelle façon. Tout comme le Directeur, il vous chuchotera des conseils à l'oreille. Ruth dit : « Il est mon Conseiller. Il est mon Directeur de production. Il m'aide, me guide, me réconforte et me convainc. »

Par la suite, Ruth encourage les nouvelles veuves à lire le Psaume 139 et à se tourner vers Dieu dans la prière en se basant sur chaque verset. Comme ce psaume parle de la connaissance intime et de l'attention que Dieu porte à chaque personne, il est extrêmement réconfortant pour des veuves qui réapprennent qui elles sont aux yeux de Dieu en tant que personne unique.

Enfin, Ruth encourage les veuves à tendre la main à d'autres veuves et à les réconforter. Dans le processus du réconfort que nous offrons aux autres, nous expérimentons aussi le réconfort de Dieu.

Jésus nous comprend. Comme l'a dit le Prophète Ésaïe : « Méprisé et abandonné des hommes, homme de douleur et habitué à la souffrance, Semblable à celui devant qui l'on se voile la face, Il était méprisé, nous ne l'avons pas considéré » (Ésaïe 53 :3). Il a fait face à une parodie de procès, a été publiquement humilié, trahi, faussement accusé, abandonné par ses amis, calomnié, raillé, mais en réponse à tout cela Il a *méprisé la honte !* Jésus savait qui Il était et pourquoi Il était venu sur terre. Il ne S'est pas laissé façonné par ce que les autres Lui faisaient ou disaient de Lui.

Exprimer des émotions n'est pas un péché. Dieu nous les a données, et Jésus les a toutes connues ! Mary Beth témoigne : lorsque j'ai perdu Bob, je ne savais même pas qu'une telle souffrance émotionnelle pouvait exister. Cette profonde angoisse dépassait même la joie intense que j'avais éprouvée en mettant au monde un enfant. Jésus savait et comprenait l'ampleur et l'intensité de ma souffrance, parce qu'il avait souffert plus que je ne pourrai jamais le faire ; cela me réconfortait. Jésus comprend mes émotions accablantes et en a compassion.

Il y a des récompenses à venir !

Après avoir enduré la souffrance et méprisé la honte, Jésus a reçu les louanges de Son Père au Ciel. Lorsque nous sommes dans l'épreuve, nous pouvons aussi nous attendre à ce que Dieu tire du bien de nos situations. Comme l'a dit un auteur inconnu :« tout ira bien à la fin. Si ça ne va pas bien, c'est que ce n'est pas la fin ! »

Lorsque nous perdons nos maris, certaines peuvent se demander : « Dieu m'aime-t-il encore ? » Quand nous faisons face à l'adversité, il est naturel de nous demander si nous sommes dans la volonté de Dieu. Romains 8 :29 dit que Sa principale volonté pour nous est que nous devenions plus comme Jésus, « semblables à l'image de son Fils ». Dieu veut que nous soyons toujours véritablement nous-mêmes, mais que nous soyons mieux équipées pour aimer et être aimées, tout comme Jésus aime et est aimé.

Quand des temps contraires tentent de nous intimider, nous pouvons suivre l'exemple de Christ et les endurer – et même nous en réjouir – tout en plongeant par la foi nos regards dans un avenir meilleur. Nous pouvons les « considérer comme un sujet de joie complète » (Jacques 1 :2–4), sachant que ces temps d'épreuve produiront un jour une capacité à résister et une maturité plus grandes. **Notre souffrance nous fera grandir et nous en sortirons accomplies lorsqu'elle s'achèvera**. Notre foi, éprouvée par le feu, brillera comme l'or et apportera gloire et honneur à Dieu. Donc, lorsque vous souffrez :

À NE PAS FAIRE :
- Avoir honte d'extérioriser vos émotions
- Se lasser et perdre courage

À FAIRE :
- Fixer les yeux sur Christ et gardez à l'esprit votre récompense dans le Ciel
- Endurer la souffrance
- Mépriser la honte
- Recevoir les éloges de notre Père céleste

Alors il dira, « Bien, bon et fidèle serviteur ! Tu as été fidèle en peu de choses, je t'établirai sur beaucoup ; Entre dans la joie de ton maître. » (Matthieu 25 :21)

Questions de discussion

1. Le contraire de l'endurance est l'abandon ! Qu'est-ce qui est en jeu si vous abandonnez ? Qu'avez-vous à gagner si vous endurez ?

   _____
   _____
   _____
   _____
   _____
   _____
   _____
   _____
   _____
   _____
   _____
   _____

2. Les méthodes de notre ennemi sont le vol, le meurtre et la destruction ; sans compter les efforts qu'il déploie pour nous empêcher de rentrer dans la destinée (la course jalonnée par Dieu) que Dieu nous réserve. L'apôtre Paul nous enseigne en 2 Corinthiens 2 : 11 que nous devons être conscients de ses desseins pour qu'il ne prenne pas l'avantage sur nous. Quels sont les domaines dans lesquels vous devez être sur vos gardes afin que l'ennemi échoue dans ses efforts pour vous faire abandonner la course ? Comment pouvez-vous vous fortifier dans ces domaines ?

   _____
   _____
   _____
   _____
   _____
   _____
   _____

_____

_____

_____

_____

_____

_____

3. L'apôtre Pierre nous a appris en 1 Pierre 5 : 8–9 à être maître de nous-mêmes et vigilante envers les tactiques de l'ennemi, à lui résister, ferme en la foi, sachant que les mêmes souffrances sont imposées à d'autres chrétiens par le monde. Se rapprocher d'autres veuves nous aide à rester fortes. Avec qui pourriez-vous être en communion pour vous aider à tenir ferme et à endurer ?

_____

_____

_____

_____

_____

_____

_____

_____

_____

_____

_____

Devenir plus forte : Recommandation no 7

Ne t'abats pas, mon cœur !

Lorsque vous faites l'expérience de la correction, rappelez-vous que Dieu est un bon Père, et dites : « mon Père, Abba (Papa), m'aime. »

Chapitre sept
NE T'ABATS PAS, MON CŒUR !
Acceptez la correction du Seigneur

« Toute correction, il est vrai, paraît être au premier abord un sujet de tristesse et non de joie ; mais plus tard, elle procure un paisible fruit de justice à ceux qu'elle a formés. » (Hébreux 12 : 11).

Dans la Bible, un livre entier est consacré aux expériences qu'a vécues Job, un homme intègre, aimant et innocent ; et pourtant, il a vécu une grave crise accompagnée d'une maladie de peau horrible et douloureuse et qui a culminé avec la mort de ses enfants. Sa femme et ses amis lui ont donné ce que Dieu Lui-même a appelé de mauvais conseils, lui disant que ses difficultés devaient être la conséquence de péchés qu'il aurait commis. De même, des personnes bien intentionnées peuvent vous donner toutes sortes de mauvais conseils lors de la mort de votre mari. Dieu peut avoir permis la mort de votre mari pour une multitude de raisons qu'aucun de nous ne comprendra totalement avant d'aller au Ciel et de lui poser la question. Quand la femme de Job a tenté de le faire culpabiliser, Job a correctement et sagement répondu : « Quoi ! Nous recevrions de Dieu le bien, et nous ne recevrions pas aussi le mal ! » (Job 2 :10) Quoi que nous souffrions, nous pouvons être sûres que Dieu veut en fin de compte de bonnes choses pour nos vies. Ainsi, dans la souffrance, recherchez ce que Dieu veut vous enseigner à ce moment précis, mais ne laissez pas les gens vous faire culpabiliser.

Dieu est un bon Père !

Nous sommes les filles chéries de Dieu. Bien qu'Il doive parfois nous corriger, Il n'est pas un père violent, mais un Père céleste aimant, qui nous enseigne et nous corrige lorsque cela est nécessaire. Nous pouvons être sûres que la correction de Dieu nous aide à ressembler davantage à Son fils, notre Grand Frère Jésus.

En tant que bons parents, nous n'envisagerions pas de négliger l'éducation de nos enfants. Cela peut parfois s'avérer une tâche très difficile, particulièrement si l'enfant a un fort caractère. Nous persévérerons toutefois, car nous voulons que nos enfants nous obéissent, pour leur propre bien. Nous voulons que nos enfants nous respectent et qu'ils apprennent à vivre selon Dieu. Si, en tant que parents, nous voulons que nos enfants nous respectent, « ne devons-nous pas, à plus forte raison, nous soumettre au Père des esprits pour avoir la vie ? » (Hébreux 12 :9)

Parfois Dieu nous corrige aussi, même dans des petites choses, pour notre propre bien et pour bénir d'autres personnes. Nous ne comprenons pas toujours pourquoi, mais Dieu a Ses raisons.

Mary Beth témoigne : J'ai eu récemment l'occasion de vivre la bienveillante correction de trajectoire de mon Père.

Un matin, j'avais tellement à faire que j'ai prié pour recevoir la paix et j'ai demandé à Dieu : « S'il Te plaît, dirige mes pas. » Je savais que, comme Marthe, j'avais tendance à m'inquiéter dès que j'avais beaucoup de choses à faire mais, dans mon cœur, alors que je vaquais à mes occupations, je voulais être comme Marie et au moins « m'asseoir aux pieds de Jésus. » J'ai prié pour cette journée, avec ma liste de tâches devant moi, en répétant Proverbes 16 :3 au Seigneur. « Recommande à l'Éternel tes œuvres, et tes projets se réaliseront. » Puis j'ai dit : « Merci, Seigneur, parce que Tu te soucies de ce qui me préoccupe aujourd'hui. »

Sachant également qu'il peut parfois m'arriver de dépasser la pensée de Dieu avec mes propres plans, j'ai fait cette prière : « Aide-moi, Seigneur, à ne pas être rebelle si Tu me diriges sur une voie que je n'ai pas vraiment envie d'emprunter. Je sais que Tes voies sont les sont meilleures. S'il Te plaît, marche devant moi et même aide-moi à T'obéir. »

J'avais besoin de m'arrêter dans un grand magasin, et aussi de récupérer quelques articles au magasin de bricolage. Je me suis dirigée vers le magasin de bricolage mais dans mon cœur quelque chose m'a poussée à commencer par le grand magasin.

J'ai pensé :« Hum, c'est amusant, je me demande pourquoi le Seigneur se soucierait du magasin par lequel je dois commencer... » Mais puisque j'avais prié, j'ai écouté cette « voix douce et subtile » et je me suis dirigée vers le grand magasin.

J'ai réuni les articles qui étaient sur ma liste et j'ai ressenti qu'il était urgent que je paye et que je m'en aille. Une fois de plus, j'ai pensé que c'était curieux, mais j'ai marché assez longtemps avec le Seigneur pour savoir qu'Il a toujours Ses raisons, meilleures que les miennes. Même si, je l'avoue, j'ai cherché une dernière chose à mettre dans mon panier, j'ai payé et je me suis précipitée vers ma voiture.

Comme j'avais commencé par le grand magasin, le chemin le plus court pour aller au magasin de bricolage passait par le parking du supermarché. Alors que j'étais dans le parking, un jeune homme débraillé bondit hors de la voiture de son ami et se mit à courir vers le magasin. Son portefeuille tomba de la poche de son pantalon juste devant ma voiture !

J'ai alors sauté hors de ma voiture, attrapé le portefeuille, me suis garée, et j'ai couru après lui presque jusqu'au fond du magasin !

Il a été choqué, il ne savait même pas qu'il avait perdu son portefeuille ! Il m'a sauté au cou et a dit à maintes reprises : « Merci Seigneur ! Merci à vous !" et « Dieu vous bénisse ! »

Il s'est exclamé : « Bien peu de gens l'auraient fait ! »

« Eh bien, je suis chrétienne moi aussi ! » ai-je répondu.

« Oui, m'dame ! » a-t-il dit, radieux.

Je lui ai fait un clin d'œil et je lui ai dit qu'il avait perdu son portefeuille à cause de ses « vêtements pendouillants. »

Il a dit : « Oui, m'dame, je les remets mieux tout de suite ! » Et il l'a fait !

Plus tard, nous nous sommes revus dans le parking et, tout excité, il a dit à son ami : « C'est elle ! »

Il m'a fait un signe et m'a lancé : « Dieu vous bénisse à nouveau ! »

Je lui ai raconté ma prière du matin et nous avons simplement loué le Seigneur ensemble !

Louez le Seigneur pour Sa bonté et pour la joie qu'il y a à marcher avec Lui !

Est-ce pour mon propre bien ? Vraiment ?

Oui, vraiment !

Nous pouvons réagir à la correction de plusieurs manières :

1. L'accepter avec résignation ;
2. L'accepter en nous apitoyant sur nous-même, et penser que nous ne le méritions vraiment pas ;
3. Être en colère et pleine de ressentiment envers Dieu ;
4. L'accepter avec reconnaissance, comme la réponse appropriée que nous devons à un Père qui nous aime (« Life Application Study Bible » [Bible d'étude pour une mise en pratique] version NLT, p. 2108).

Si nous choisissons d'accepter la formation que Dieu nous donne au milieu de notre deuil, Hébreux 12 :11 nous dit que cela « procure un paisible fruit de justice à ceux [qui ont été ainsi] formés. » Si nous savons supporter la sensation pénible du processus de formation, nous atteindrons notre objectif de sainteté. Ça en vaut la peine !

Alors, quelle sera votre réaction ?

Victor et Ruth Martinez, missionnaires au Mexique, ont exercé leur ministère envers des milliers de personnes dans plus de 40 pays. Après la mort de Victor, Ruth est allée à la rencontre de nombreuses veuves récentes au Mexique avec les cinq points de sa stratégie personnelle de survie après un deuil :

1. Pleurez. Vous en avez besoin ! C'est ainsi que vous pourrez vous libérer du deuil.
2. Pardonnez, pardonnez, pardonnez. Pardonnez à vous-même. Pardonnez au médecin. Pardonnez au conducteur ivre ou à l'assassin.
3. Dites « merci » à Dieu. Reconnaissez que seul Dieu donne et reprend la vie. Remerciez Dieu de ce qu'Il a repris votre mari au Ciel. Remerciez-Le de ce que vous êtes une veuve maintenant.

4. Commencez la journée en trouvant trois raisons d'être reconnaissante.
5. Chaque jour, trouvez un chant de louange ; chantez-le tout au long de la journée pour vous empêcher de sombrer dans le « marécage ».

Ruth a admis qu'il était extrêmement difficile d'arriver au point d'être reconnaissante à Dieu d'avoir repris Victor au ciel et de ce qu'elle était désormais veuve. Elle a continué à exprimer sa reconnaissance, et a commencé à l'intégrer. Elle a dès lors éprouvé un grand soulagement.

Revenons à Job. Comment a-t-il réagi à sa souffrance ? L'immense perte de Job n'était pas une correction de la part de Dieu ; cependant, il a beaucoup appris à travers cette crise. Parfois, Job était tellement accablé par sa souffrance que la seule chose qu'il pouvait faire était de rester assis en silence. À d'autres moments, Job parlait à Dieu et Dieu lui parlait. Bien que Job ait répandu son cœur devant Dieu, la Bible dit « [qu'en] tout cela, Job ne pécha point par ses lèvres. » (Job 2 :10) En fait, en réfléchissant par la suite à ses épreuves, Job a déclaré à ses amis mal avisés mais bien intentionnés : « Il connaît pourtant la voie où je me tiens ; quand m'aura mis à l'épreuve, j'en sortirai comme l'or [pur]. » (Job 23 :10)

En fin de compte, Job n'a pas laissé son cœur s'abattre ; il a fait confiance à Dieu à travers ces circonstances dévastatrices. Il a appris que Dieu est Dieu et qu'il était une créature de Dieu. Il a compris que dans un monde déchu, de mauvaises choses arrivent parfois à de bonnes personnes. De même, après la mort de nos maris et alors qu'Il nous conduit à travers notre deuil, nous pouvons continuer à croire que Dieu œuvre pour notre bien.

Questions de discussion

1. Des temps de souffrance peuvent être aussi des temps de nouvelle croissance. De quelles façons pensez-vous que le Seigneur vous aide à grandir ?

_____
_____
_____
_____
_____
_____
_____

2. En examinant votre vie passée, quelles sont les leçons que vous a enseignées votre Père céleste qui vous aime ? Citez quelques conséquences favorables visibles dans votre vie actuelle et qui sont le résultat de circonstances douloureuses de votre passé.

3. Avez-vous eu des amis qui, comme ceux de Job, vous ont donné de mauvais conseils, en vous rendant responsable à tort d'une crise ? Comment y avez-vous fait face ?

Devenir plus forte : Recommandation no 8
NE VOUS LASSEZ PAS

Rappelez-vous que votre victoire est toute proche.

CHAPITRE HUIT
NE VOUS LASSEZ PAS
FORTIFIEZ-VOUS EN VUE DE LA COURSE

> « C'est pourquoi redressez les mains abattues et les genoux paralysés. Que vos pieds suivent des pistes droites, afin que ce qui est boiteux ne dévie pas, mais plutôt soit guéri. »
> (Hébreux 12 : 12–13).

S'entraîner pour la course de la vie

L'apôtre Paul compare souvent la vie chrétienne à une course. La ligne de départ représente le jour où nous acceptons Jésus dans notre cœur. La ligne d'arrivée représente le jour où nous achevons notre course terrestre, recevons le prix pour lequel Dieu nous a appelées, et voyons Jésus face à face. Cependant, ce qu'il y a d'unique dans cette course est que nous nous entraînons pour la course en même temps que nous courons ! Il n'y a pas de « courses d'entraînement ! » Paul nous encourage dans Philippiens 3 :14 en décrivant sa propre course : « Je cours vers le but pour obtenir le prix de la vocation céleste de Dieu en Christ-Jésus. » Pendant ce temps-là, et comme le dit Hébreux 12 :12, nous sommes en train de « [redresser] les mains abattues et les genoux paralysés ».

Mary Beth témoigne : Ma fille Christa est une coureuse de fond. Bob et moi aimions la regarder courir et nous l'avons encouragée lors de nombreuses courses pendant ses années de lycée et d'université. Christa s'entraînait dur pour ses courses. Elle s'investissait dans son programme d'entraînement, dans son régime et dans ses temps de repos. Elle expliquait que l'entraînement n'a pas pour seul but de maximiser la performance, mais aussi d'éviter les blessures. Elle faisait très attention à sa forme, pour ne pas risquer de se blesser. Non seulement Christa courait rapidement, mais elle courait aussi intelligemment !

Un marathon, pas un sprint

La vie d'une veuve peut être remplie de défis. Elle ressemble plus à un marathon tout-terrain qu'à un sprint sur une piste soigneusement entretenue ! Il existe différents types de courses. La vie est un marathon. Mais la parole de Dieu nous prépare à nous entraîner à toutes les particularités que notre course personnelle requiert, comme le dit 1 Corinthiens 9 : 26 :« Moi donc, je cours, mais non pas à l'aventure ; »

Pour supporter l'effort de son marathon, la veuve aura besoin de se ressourcer. La mort de son mari va chambouler toute son existence. Se reposer suffisamment, se nourrir, faire de l'exercice, prendre du temps avec le Seigneur, avoir de véritables relations sociales et profiter de loisirs, tout ceci l'aidera finalement à retrouver son équilibre. Ce sont des choses que personne d'autre ne peut faire à sa place. C'est à elle de choisir. Certaines activités comme les loisirs ou l'exercice peuvent être pratiquées avec d'autres personnes.

Linda Smith, par exemple, marche régulièrement avec son amie Diane depuis plus de 27 ans. Elle attend toujours ces moments avec impatience. Son mari Kirby appelait affectueusement ces sorties des « Walkie Talkies » [des « balades-papotages en français- jeu de mot par analogie avec les talkies-walkies, émetteurs-récepteurs dans notre langue]. Après la mort de Kirby, ce mélange familier d'exercice et de partage a aidé Linda à établir un lien avec le chapitre suivant de sa vie.

Trouvez votre propre rythme

Christa a décrit dans le cross-country quelque chose qu'on appelle « trouver son rythme de course », ce qui veut dire que, pendant l'entraînement, vous devez trouver le rythme qui vous convient afin de terminer la course. Les débutantes commettent souvent l'erreur de courir tellement vite durant la première partie de la course qu'elles sont incapables de garder ce rythme et qu'elles se font dépasser par les autres coureuses avant l'arrivée.

Le deuil est épuisant. Nous devons également apprendre à trouver notre rythme personnel afin d'éviter l'épuisement total et de finir la course de la vie en beauté. C'est difficile à accepter pour certaines personnalités exigeantes avec elles-mêmes, mais si Dieu s'est reposé un jour lors de la création, peut-être pourrions-nous apprendre de Son exemple : être patientes avec nous-mêmes lorsque nous avons besoin de repos. Si nous ne le faisons pas, nous risquons de nous mettre hors course. Christa m'a parlé avec tristesse d'une de ses camarades, très athlétique, qui a eu une fracture de fatigue au pied, apparemment due au surmenage. On pensait qu'elle ne pourrait plus ensuite reprendre la compétition. Nous avons besoin de trouver le rythme qui nous permet de rester dans la course !

Alors que les Juifs de l'Ancien Testament respectaient strictement le Sabbat hebdomadaire, Hébreux 4 nous dit qu'il existe un repos pour le peuple de Dieu qui « se repose » sur l'œuvre de Jésus-Christ qui a tout accompli à la croix. Le verset 11 nous dit de « nous empresser » d'entrer dans ce repos ! Ainsi, ironiquement, notre véritable travail est de trouver notre repos dans le travail accompli par Jésus, et pas dans le nôtre !

Courez avec courage

Une nouvelle veuve devra décider de continuer ou non sa course. Parfois, courir semble demander un trop grand effort. Il lui faut du courage pour rester dans la course, particulièrement lorsqu'elle se sent trop fatiguée, ne serait-ce que pour se lever. Bien qu'il soit normal d'être fatiguée et d'avoir besoin de plus de sommeil dans les premiers jours du veuvage, cela disparaît normalement au fil du temps. Si la fatigue persiste ou s'aggrave, une consultation chez son médecin l'aidera à écarter les causes physiques.

Si une veuve a dépassé son seuil de résistance, elle peut commencer à exprimer des pensées telles que : « Je n'y arrive pas » ou « Je n'en peux plus ». Dieu comprend la vulnérabilité des veuves devant une telle difficulté. Il appelle le Corps de Christ, en commençant par la famille de la veuve, pour venir à son aide. Comme Jacques 1 : 27 le dit : « la religion pure et sans tache, devant Dieu le Père, consiste à visiter les orphelins et les veuves dans leurs afflictions. » Alors que des proches se mobilisent pour aider la nouvelle veuve, pour faire des choses qu'elle ne pourrait pas faire seule, elle sera soulagée de l'excès de stress et pourra finalement retrouver de meilleures capacités d'adaptation.

Il est normal qu'une veuve récente pense au Ciel et rêve même d'y retrouver son mari. Toutefois, si ces pensées persistent, cela peut devenir problématique. Des déclarations telles que « J'aimerais simplement m'endormir et ne jamais me réveiller » ou même « J'aimerais que Jésus revienne aujourd'hui » sont les signes de ce que l'on appelle des idées suicidaires passives. Quand nous nous sentons submergées, il est bon de nous rappeler que Dieu veut vraiment que nous nous déchargions de nos soucis sur Lui, pas l'inverse !

Si une veuve devient si déprimée qu'elle est ouvertement suicidaire (c.-à-d. qu'elle annonce une intention ou un plan visant à se faire du mal), elle a besoin de l'aide d'un professionnel sur-le-champ. C'est une urgence psychiatrique. Appeler le numéro d'urgence médicale de votre pays (en France, le 15). Il est important que la famille ou les amis restent en contact avec la veuve afin de surveiller d'éventuels changements de comportement.

Le suicide n'est **pas** la solution ! Dieu promet un espoir ! 1 Corinthiens 10 :13 nous rassure à ce sujet : « aucune tentation ne vous est survenue, qui n'ait été humaine ; Dieu est fidèle et ne permettra pas que vous soyez tentés au-delà de vos forces ; Mais avec la tentation, il donnera aussi le moyen d'en sortir, pour que vous puissiez la supporter. »

Foi, famille, amis, aide psychologique et soins médicaux, tous ces soutiens aideront les veuves à se remettre et à réintégrer la course.

Quoi qu'il en soit, où allons-nous ?

La Parole de Dieu jalonne le parcours de notre course. Avant que Dieu ne nous ait formée dans le ventre de notre mère (Jérémie 1 :5) et jusqu'à ce que nous ayons achevé la course et passions l'éternité avec Lui, « Sa parole est une lampe à nos pieds et une lumière sur notre sentier. » (Psaume 119 :105)

Mary Beth témoigne : Alors que j'étais veuve depuis peu, j'étais tellement anéantie par la perte de mon mari Bob que je n'étais pas capable de me concentrer assez longtemps pour lire ma Bible. J'étais aussi très ébranlée car la profonde souffrance du deuil m'empêchait de ressentir la présence de Dieu comme je l'avais fait depuis que, jeune fille, j'étais devenue chrétienne. Pendant cette période, mon amie très chère me lisait des livres chrétiens, me prenait dans ses bras et priait avec moi. Cela avait beaucoup de sens pour moi, non seulement parce que je ne pouvais pas me concentrer, mais aussi parce que Bob et moi aimions auparavant lire et prier ensemble. De plus, elle n'avait pas peur de me serrer dans les bras quand je pleurais, ce qui me réconfortait beaucoup.

À chacune des courses de cross-country de Christa, les organisateurs arrivaient tôt pour jalonner le parcours. On faisait faire aux coureuses une reconnaissance du trajet de façon qu'elles connaissent le parcours. Elles apprenaient les endroits où le parcours était sinueux et ceux où il y avait des montées et des obstacles. Non seulement cela les aider à rester dans la course, mais encore cela leur apprenait où était la ligne d'arrivée ! Les coureuses pouvaient imaginer la ligne d'arrivée pendant qu'elles trouvaient leur rythme afin de terminer le parcours.

De la même façon que les organisateurs jalonnent le parcours pour que les coureuses ne soient pas prises au dépourvu, les veuves peuvent réduire les pièges du deuil en planifiant à l'avance des occasions spéciales comme les anniversaires, les dates de mariage et de vacances, et en prenant des dispositions pour célébrer ces journées comme il convient. Cela donnera à chaque veuve un plus grand sentiment de maîtrise de ses émotions.

Bien que nous puissions être surprises par les méandres de notre parcours de vie, la parole de Dieu nous dit que notre ligne d'arrivée est le Ciel. Nos maris qui ont vécu pour Jésus nous ont précédées et ont franchi leur ligne d'arrivée personnelle. Celles d'entre nous qui sont restées en arrière doivent suivre Dieu en marchant par la foi et non par la vue sur le chemin qui nous mène à notre ligne d'arrivée (2 Corinthiens 5 : 7).

Suivez Dieu — Ne soyez pas disqualifiée

Si le Ciel est notre ligne d'arrivée, comment atteindre ce but ? Pour remporter cette course, nous devons rester sur le parcours. Éphésiens 5 : 1 dit : « Soyez donc les imitateurs de Dieu, comme des enfants bien-aimés ; » Même si d'autres peuvent penser qu'ils connaissent un meilleur chemin, Jésus nous dit qu'il n'y a qu'un seul chemin qui mène à notre destination céleste, et c'est Lui. La route du deuil peut être difficile et par moments la fuite peut sembler être la solution de facilité. Mais Jésus nous dit : « Entrez par la porte étroite. Car large est la porte et spacieux le chemin qui mènent à la perdition, et il y en a beaucoup qui entrent par là. Mais étroite est la porte et resserré le chemin qui mènent à la vie, et il y en a peu qui le trouvent. » (Matthieu 7 : 13-14) Jésus est la porte et Il est le seul chemin !

Un bon entraîneur travaillera avec son équipe pour s'assurer qu'elle connaît bien le règlement de la course. La Bible nous détaille les règles de notre course. L'entraînement peut sembler sévère, mais il est tout entier conçu au mieux des intérêts des coureuses. Dieu a pour objectif de faire de nous les meilleures athlètes spirituelles possible et de nous éviter d'être disqualifiées en cours de route ! Ne nous livrons pas à des distractions au point de gâcher notre temps et nos talents.

Même si nos maris ont déjà franchi leur ligne d'arrivée, nous qui restons en arrière avons encore une course à terminer. Nous restons encore ici pour une bonne raison. Nous avons encore un appel dans nos vies. Dieu a encore des tâches à nous confier avant que nous n'atteignions la ligne d'arrivée.

Christa m'a dit que lorsqu'on court un mile (course de 1609 mètres qui comporte 4 tours de piste), le troisième tour est toujours le plus difficile. Au bout de deux tours, la coureuse commence en général à être fatiguée. Et au moment précis où la coureuse est le plus fatiguée, elle a alors besoin de forcer l'allure et de produire un effort particulier pour boucler ce troisième tour plus vite que les deux premiers. Elle le fait parce qu'elle sait que lors du quatrième et dernier tour, la motivation de pouvoir voir la ligne d'arrivée lui permettra de puiser dans ses ressources les plus profondes et de sprinter sur la dernière partie de la course. En tant que veuves, nous sommes parfois fatiguées. Mais peut-être sommes-nous dans notre troisième ou quatrième tour et devons-nous hausser notre rythme ! Nous voulons courir cette course de la bonne manière ! Nous voulons entendre Jésus dire : « Bien, bonne et fidèle servante ! » (Matthieu 25 :21)

Franchissez la ligne d'arrivée !

À la fin de la course, il est essentiel que la coureuse *pense au-delà* de la ligne d'arrivée. Si elle ne court que pour atteindre la ligne d'arrivée, elle va commencer à ralentir à son approche. Si au contraire, elle pense au-delà de la ligne d'arrivée, elle se jettera même buste en avant pour se pencher vers le ruban avec toute sa puissance. De nombreuses courses jugées à la photo-finish ont été gagnées grâce à ces quelques centimètres !

Eric Liddell, le meilleur coureur écossais de tous les temps, savait ce que signifiait courir pour remporter la victoire. Interrogé au sujet de son rythme fantastique lors du 400 mètres, il a dit : « le secret de mon succès dans le 400 mètres, c'est que je cours les deux cents premiers mètres aussi rapidement que je le peux. Puis, dans les deux cents derniers mètres, avec l'aide de Dieu, je cours encore plus vite. » *(Liddell, s. d.)*.

Dans la grande course de la vie, nous ne savons jamais si nous sommes dans le dernier tour. Continuons donc à courir de toutes nos forces et avec la force que Dieu nous donne. Ne nous lassons pas et n'abandonnons pas mais, au lieu de cela, regardons au-delà de la « ligne d'arrivée » la récompense que Dieu nous réserve !

Questions de discussion

1. Décrivez les choses qui vous ont le plus aidée tout au long de votre processus de deuil.

   _____
   _____
   _____
   _____
   _____
   _____
   _____
   _____
   _____
   _____
   _____
   _____

2. Qu'ajoutez-vous ou éliminez-vous de votre manière de vivre pour améliorer votre course ?

   _____
   _____
   _____
   _____
   _____
   _____
   _____
   _____
   _____
   _____
   _____
   _____

3. S'entraîner avec d'autres personnes peut être très stimulant. Pouvez-vous faire la liste des membres de « votre équipe » dans cette course ? De quelle manière vous encouragez-vous les uns les autres ?

_____
_____
_____
_____
_____
_____
_____
_____
_____
_____
_____
_____
_____

4. Si la réponse que vous avez donnée à la question précédente ne vous satisfait pas, réfléchissez à l'importance d'augmenter le nombre « de coéquipiers. » Les études Bibliques, les groupes de prière et les groupes d'accompagnement sont quelques-uns des moyens de développer un système de soutien, si essentiel pour une veuve qui fait son deuil. Quelles seraient les ressources à votre disposition pour développer un système de soutien ?

_____
_____
_____
_____
_____
_____
_____
_____
_____
_____
_____

Devenir plus forte : Recommandation no 9

Rappelez-vous que Dieu est de votre côté

L'amour de Dieu ne repose pas sur votre performance, mais sur Sa bonté.

Chapitre neuf
Rappelez-vous que Dieu est de votre côté
Dieu est pour vous !

« L'Esprit du Seigneur, l'Éternel, est sur moi (...) pour proclamer une année favorable de la part de l'Éternel et un jour de vengeance de notre Dieu » (Ésaïe 61 : 1-2).

À quel point Dieu m'aime-t-il ?

Dans son livre *God Thinks You're Wonderful [Dieu pense que vous êtes merveilleux]*, Max Lucado dit : « Dieu vous aime. Si Dieu avait un portefeuille, votre photo s'y trouverait. S'Il avait un réfrigérateur, vous verriez votre photo sur la porte. Il vous envoie des bouquets de fleurs chaque printemps et un lever de soleil tous les matins... Admettez-le, mon ami. Il est fou de vous ! »

Eh bien, Dieu a écrit un Livre ! Et dans Son livre, il dit à quel point Il vous aime. Oui, VOUS ! « Car Dieu a tant aimé le monde qu'il a donné son Fils unique, afin que quiconque croit en lui ne périsse pas, mais qu'il ait la vie éternelle. » (Jean 3 :16)

Dieu fait attention à vous

Cela paraît-il trop beau pour être vrai ? SI jamais vous en doutez, méditez le Psaume 139. Vous avez été créée formidable et merveilleuse ! Quand vous vous êtes endormie la nuit dernière, Dieu pensait spécifiquement à vous. Quand vous vous êtes réveillée ce matin, Il pensait encore à vous. Dieu pense à vous chaque jour un si grand nombre de fois que vous ne pourrez jamais les compter ! Il nous enlace d'un bras et nous guide de l'autre. Il est POUR vous ! Il est là que cela se ressente ou non.

Mais je ne ressens pas Sa présence

Les effets du deuil vous empêchent parfois de « ressentir » la présence de Dieu jusqu'à ce que vous ayez fait un travail mémoriel sur ce passé. Pour ce faire, vous avez souvent besoin de l'aide d'un professionnel. Que nous ressentions Sa présence ou non, la vérité est que Dieu est toujours là pendant que nous vivons dans ce monde pécheur ! Et que Dieu est toujours bon ! Il nous bénit chaque jour et « fait pleuvoir sur les justes et sur les injustes » (Matthieu 5 :45).

Si vous avez du mal à sentir l'amour de Dieu parce que vous ne pouvez pas ressentir Sa présence, réfléchissez à ce qu'Il a sacrifié pour exprimer Son immense amour pour Ses enfants. Nous ne méritions pas Son amour, mais Il nous aime parce qu'Il EST amour. « A peine mourrait-on pour un juste ; quelqu'un peut-être aurait le courage de mourir pour un homme qui est bon. Mais en ceci, Dieu prouve son amour envers nous : lorsque nous étions encore pécheurs, Christ est mort pour nous. » (Romains 5 : 7-8).

Alors que ceci est manifestement le sacrifice d'amour ultime, envisagez une autre manière dont Jésus nous aime. Dans Jean 13 : 1 nous lisons que : « (...) sachant que l'heure était venue pour lui de passer de ce monde au Père, Jésus, qui avait aimé les siens qui étaient dans le monde, les aima jusqu'au bout. » Alors Jésus « se leva de table, ôta ses vêtements et prit un linge dont il s'entoura. Ensuite il versa de l'eau dans un bassin et se mit à laver les pieds de ses disciples » (Jean 13 : 4-5). Le Roi de l'Univers s'est abaissé pour servir ceux qu'Il aimait et nous a demandé de L'imiter dans notre manière d'aimer les autres.

Mary Beth témoigne : Il m'est arrivé que quelqu'un me lave les pieds. Alors que Bob et moi sortions ensemble, il m'a fait la surprise de frapper à la porte, tenant une unique rose blanche. Il m'a alors demandé si je voulais bien lui apporter une cuvette d'eau, une serviette et du savon. En silence, Bob m'a fait asseoir sur le canapé et se mettant à genoux il m'a lavé les pieds.

Stupéfaite et bouleversée par le dévouement humble et rempli d'amour de Bob, j'ai pleuré sans arrêt pendant qu'il me lavait et séchait les pieds avec douceur. J'ai été profondément touchée par la ferveur et l'humilité de Bob envers Dieu et envers moi. Il a promis de m'aimer en me servant humblement. Et il l'a fait. Bob a dit plus tard qu'il y avait eu plus d'eau ruisselant sur mes joues qu'il n'y en avait dans la cuvette.

Lorsqu'il a eu fini, Bob a levé les yeux et m'a demandé : « Mary Beth, veux-tu m'épouser ? »

Prise par surprise et submergée par l'émotion, je suis restée un instant incapable de penser ! Je me suis exclamée : « Je ne sais pas ! »

Bob a demandé : « Eh bien... Veux-tu être ma fiancée ? »

J'ai accepté avec enthousiasme : « Oui ! Je serai ta fiancée ! »

Après de nombreuses années de mariage, Bob disait parfois en plaisantant que j'étais encore en train de ma faire à cette idée. En réalité, je me suis décidée sur-le-champ ! Après presque trente-neuf années passées à nous servir les quatre enfants et moi, Bob est parti au Ciel. Le souvenir de cette magnifique demande en mariage qui a révélé sa splendide âme est encore aujourd'hui mon plus précieux trésor.

En Luc 7 : 36-39 et 44-50, nous lisons l'histoire d'un autre lavement des pieds. « Un des Pharisiens pria Jésus de manger avec lui, et donc Jésus entra chez lui et se mit à table. Quand une femme pécheresse de la ville entendit qu'Il dinait là, elle prit un beau vase d'albâtre plein de parfum de grand prix. Puis elle se tint derrière à ses pieds en pleurant. Ses larmes mouillaient Ses pieds et elle les essuyait avec ses cheveux. Ensuite, elle embrassa Ses pieds et répandit sur eux du parfum.

Quand le Pharisien qui l'avait invité vit cela, il dit en lui-même : Si cet homme était prophète, il saurait qui est la femme qui le touche et ce qu'elle est : une pécheresse. »

La réponse de Jésus fut la suivante : « Vois-tu cette femme ? Je suis entré dans ta maison, et tu ne m'as pas donné d'eau pour mes pieds ; mais elle, elle a mouillé mes pieds de ses larmes et les a essuyés avec ses cheveux. Tu ne m'as pas donné de baiser, mais elle, depuis que je suis entré, elle n'a pas cessé de me baiser les pieds. Tu n'as pas répandu d'huile sur ma tête ; mais elle, elle a répandu du parfum sur mes pieds.

C'est pourquoi, je te le dis, ses nombreux péchés sont pardonnés, puisqu'elle a beaucoup aimé. Mais celui à qui l'on pardonne peu aime peu. Et il dit à la femme : Tes péchés sont pardonnés.

Ceux qui étaient à table avec lui se mirent à dire en eux-mêmes : Qui est celui-ci, qui pardonne même les péchés ?

Mais il dit à la femme : Ta foi t'a sauvée, va en paix. »

Seule une femme pouvait exprimer son amour pour Jésus de cette douce façon. Les veuves ont une place unique dans le cœur de Dieu. Jésus a accordé une attention particulière aux veuves. Si vous avez besoin d'expérimenter plus profondément l'amour de Dieu, imaginez que Jésus vous lave les pieds. Étant l'une de Ses disciples, vous pouvez aussi vous imaginer en train de laver Ses pieds en réponse à Son grand amour pour vous. Alors que vous l'adorez, il vous remplira de la sensation de Sa présence aimante.

Dans les bons temps et dans les mauvais temps

Le problème de la souffrance dans le monde amène beaucoup d'entre nous à penser : « Alors, si Dieu est pour moi, s'Il m'aime et s'Il pense à moi nuit et jour, alors pourquoi permet-Il qu'il m'arrive des malheurs ? » ou « Pourquoi a-t-il permis que mon mari meure ? » Que votre mari soit mort rapidement ou qu'il ait souffert longtemps, vous pouvez vous demander comment il se fait qu'un Dieu aimant ait permis qu'il meure. La vérité est que l'amour de Dieu ne nous dispense pas des épreuves, mais qu'au cœur de la tourmente vous pouvez être assurée qu'Il est pour vous. Romains 8 :31 dit : « Que dirons-nous donc à ce sujet ? Si Dieu est pour nous, qui sera contre nous ? » « Vous le savez, si votre foi reste solide dans les difficultés, celles-ci vous rendent plus résistants. Il faut que vous résistiez jusqu'au bout, alors vous serez vraiment parfaits et vous ne manquerez de rien. » (Jacques 1 : 3-4, PDV).

Il y a cependant des moments où, parce que ce monde est déchu, d'autres personnes nous font souffrir. La mort de nos maris a pu incomber à un docteur ou une infirmière négligents, à un conducteur imprudent ou ivre, ou à un personnel soignant irresponsable.

Dans d'autres cas, une personne véritablement malfaisante peut avoir causé la mort de nos maris. Le Psaume 18 nous dit que cela enflamme la colère de Dieu ! « Dans ma détresse, j'invoque l'Éternel, je crie à mon Dieu ; de son palais Il entend ma voix, et mon cri vers lui parvient à ses oreilles. » « L'Éternel tonna dans les cieux. Le Très-Haut fit retentir sa voix, (avec) la grêle et les charbons de feu. » Dieu était en colère à cause des choses malfaisantes dirigées contre vous.

Dieu est préoccupé au plus haut point par la justice : « À moi la vengeance, c'est moi qui rétribuerai, dit le Seigneur. » (Romains 12 : 19). Un jour, Dieu réglera Ses comptes avec ceux qui auront nui aux autres. Nous ne devons pas prendre les choses en main. Au contraire : « Si ton ennemi a faim, donne-lui à manger ; s'il a soif, donne-lui à boire ; car en agissant ainsi, ce sont des charbons ardents que tu amasseras sur sa tête. Ne sois pas vaincu par le mal mais vainqueur du mal par le bien » (Romains 12 : 20–21). Jésus a dit que si nous voulons que Dieu nous pardonne, nous devons suivre Son exemple et pardonner aux autres de tout notre cœur (Matthieu 18 : 35).

Surmonter les obstacles

Malheureusement, notre souffrance peut parfois provenir de choix personnels peu judicieux. Même dans ce cas notre incroyable Dieu de grâce est plein de miséricorde et, comme le père du fils prodigue, Il court à notre rencontre lorsque nous revenons repentantes vers Lui.

Surmonter le deuil peut devenir compliqué si la veuve est aux prises avec des sentiments non résolus de peur, de douleur, de colère, de rancœur, ou de culpabilité envers son défunt conjoint.

Par exemple, la période de deuil initiale pourra être prolongée si une veuve craint de ne pas pouvoir vivre sans son mari. Il est normal que de nouvelles obligations comme s'acquitter des tâches de son mari ou vivre seule la remettent en question. Le deuil devient cependant paralysant si elle est persuadée qu'il lui sera impossible d'apprendre à se débrouiller sans lui. Elle peut apprendre à faire face et à retrouver peu à peu l'espoir en s'appuyant sur Dieu dans la vie quotidienne comme s'Il était son nouveau Mari.

Une veuve qui s'est retrouvée en première ligne pour soigner son mari pendant une longue maladie peut ressentir un certain soulagement quand il meurt. Ce soulagement peut susciter des sentiments de fausse culpabilité. L'absence soudain de nombreux soins à donner est également une perte qui laisse un vide dans ses journées. Elle peut se sentir désorientée et même s'ennuyer, ne sachant que faire d'elle-même ou de son temps. Elle peut ne pas savoir quelle est sa raison de vivre maintenant qu'il est mort.

Il peut arriver qu'un mariage difficile conduise à de la rancœur et donc à un deuil compliqué après le décès du conjoint. La veuve peut se sentir soulagée que la tourmente incessante de la relation ait disparu. Elle peut se sentir coupable de ne pas éprouver un niveau de tristesse égal à celui que les autres veuves semblent ressentir. Une veuve a dit que son mari lui apportait une sécurité physique et financière, mais qu'il était incapable d'exprimer des émotions telles que l'empathie, la miséricorde ou l'amour. « Quand il est mort, je n'ai même pas pleuré », a-t-elle dit.

Certaines veuves peuvent lutter avec la colère et la rancœur envers leurs maris qui sont morts parce qu'ils avaient négligé leur santé ; ou peut-être à cause d'un comportement à risque ; ou peut-être en se suicidant. Si, dans de telles situations, elle pense qu'il a choisi de mourir et de l'abandonner, cela peut la rendre furieuse.

Si elle vit une de ces situations compliquées, la veuve doit d'abord gérer ses émotions pénibles avant de pouvoir s'engager dans le processus de deuil. Elle peut éventuellement se reprocher d'avoir des sentiments différents de ceux des autres veuves, mais quand elle réalise que Dieu est pour elle et non contre elle, elle peut compter sur Son aide pour démêler l'écheveau de ses émotions.

Donc, que vous connaissiez Dieu depuis très peu de temps ou depuis longtemps, ne commettez pas l'erreur d'attribuer à Dieu la responsabilité des difficultés qui surviennent dans votre vie- comme dans notre vie à toutes. Rappelez-vous qu'il est POUR vous. Tournez-vous vers Lui, ne vous en éloignez pas. Le Psaume 46 : 1 dit qu'il est pour nous un refuge et un appui, un secours qui se trouve toujours dans la détresse. Il fera COOPÉRER TOUTES choses à notre bien.

Questions de discussion

1. Le temps qui passe peut nous ouvrir une perspective sur la souffrance que nous n'avions pas lorsque nous étions au cœur de la situation. Que voyez-vous différemment aujourd'hui que vous ne pouviez pas saisir auparavant ?

   _____
   _____
   _____
   _____
   _____
   _____
   _____
   _____
   _____
   _____
   _____
   _____

2. Il peut être tentant de riposter lorsque nous souffrons injustement. Jésus nous a montré une meilleure façon de réagir en nous demandant de tendre l'autre joue (Matthieu 5 : 39). C'est vraiment contraire à la nature humaine car nous craignons d'être davantage blessée. Dans de tels cas, Jésus est notre exemple. En parlant de sa propre vie, Il a dit en Jean 10 : 18 : « personne ne me l'ôte, mais je la donne de moi-même. » Cela ne signifie pas que nous nous devions aller au-devant des mauvais traitements. Il est important de prendre les mesures nécessaires à notre sécurité. En réalité, cela signifie que nous ne rendons pas le mal pour le mal, afin d'hériter la bénédiction (1 Pierre 3 : 9). Comment ces versets s'appliquent-ils à votre processus de deuil ?

_____
_____
_____
_____
_____
_____
_____
_____
_____
_____
_____
_____

3. Craindre que justice ne soit pas rendue est l'une des raisons pour lesquelles il peut être si difficile de rendre le bien pour le mal. Dans de tels cas, 1 Pierre 4 : 19 nous exhorte à remettre nos âmes à notre fidèle Créateur en faisant le bien. Nous devons abandonner l'injustice de la situation à Dieu et lui faire confiance pour guérir nos âmes. Il fera un bien meilleur travail que tout ce que nous ne pourrions jamais faire ! Si vous êtes aux prises avec une situation injuste, comme une dispute à propos de l'héritage ou une querelle de famille, faites maintenant une pause remettez ce sujet au Seigneur dans la prière. N'hésitez pas à recourir à l'aide d'un professionnel si nécessaire.

_____
_____

Devenir plus forte : Recommandation no 10

Ne soyez pas seule face à votre deuil

Pleurez avec celles qui pleurent jusqu'à ce que Dieu Lui-même essuie toute larme de vos yeux.

Chapitre dix
Ne soyez pas seule face à votre deuil
Consoler tous ceux qui sont dans le deuil

« L'Esprit du Seigneur, l'Éternel, est sur moi, ... pour consoler tous ceux qui sont dans le deuil ; pour accorder à ceux de Sion qui sont dans le deuil, pour leur donner de la splendeur au lieu de cendre, une huile de joie au lieu du deuil, un vêtement de louange au lieu d'un esprit abattu » (Ésaïe 61 :2b-3b).

Je sais que Dieu voit tout, mais s'en soucie-t-il ?

Dieu se soucie vraiment de nous lorsque nous avons mal. Il sait que nous avons besoin de Son aide lorsque nous sommes en deuil. Dieu ne nous dit pas d'être courageuse et d'arrêter de pleurer quand nous souffrons. Au contraire, comme un Père aimant, il fait très attention à ce que nous ressentons. Le Psaume 56 : 8 dit : « Tu comptes (les pas de) ma vie errante ; recueille mes larmes dans ton outre : ne sont-elles pas (inscrites) dans ton livre ? »

Jésus peut comprendre !

Jean 11 nous raconte l'histoire de deux sœurs et un frère, Marie, Marthe et Lazare, qui étaient de proches amis de Jésus. Mais même s'ils étaient proches de Jésus, cela ne signifiait pas qu'ils échapperaient au chagrin dans cette vie. Pendant que Jésus se trouvait dans une autre ville Lazare fut atteint d'une maladie mortelle. Marthe et Marie qui étaient présentes quand Jésus avait accompli de nombreux miracles, Lui firent demander de venir et de guérir leur frère. Sachant qu'Il allait le ressusciter, Jésus retarda volontairement Son départ jusqu'à la mort de Lazare.

Lorsque Jésus arriva, il fut accueilli par les sœurs de Lazare et par un groupe de personnes venues pour le pleurer. Bien qu'Il sût que la situation n'était que provisoire, Il fut très triste. Il ne dit pas à Marthe et Marie ni au reste des personnes affligées de cesser de pleurer, mais eut de la compassion pour eux et partagea leur chagrin. Jean 11 : 33–36 nous dit : « Quand Jésus vit qu'elle [Marie] pleurait, et que les Juifs venus avec elle pleuraient aussi, il frémit en son esprit et fut troublé. » Jésus pleura aussi.

Greg Laurie, dans son livre, *Hope for Hurting Hearts (Un espoir pour les cœurs brisés)*, souligne que lorsque Jésus frémit en son esprit et fut troublé, le mot grec pour « troublé » pourrait en réalité être traduit par « en colère » Pourquoi Jésus aurait-il été triste alors qu'Il savait qu'Il allait ressusciter Lazare ? Et pourquoi la mort de Lazare aurait-elle mis Jésus en colère alors qu'Il s'était tenu volontairement à l'écart suffisamment longtemps pour que Lazare connaisse la mort ?

Jésus a quitté le Ciel et est venu vivre parmi nous comme un être humain. Hébreux 4 : 15 dit qu'Il compatit à nos faiblesses et à nos infirmités. Face à la maladie et à la mort, Il éprouve les mêmes sentiments que nous, Il peut donc avoir compassion de nous. Il est normal d'être triste et en en colère quand quelqu'un que nous aimons nous est ravi par la mort. Jésus est pleinement Dieu, et Il est aussi pleinement homme ! Ainsi, il a éprouvé de la tristesse et de la colère à la mort de Son ami.

Jésus n'était pas une simple connaissance. Il aimait Marthe, Marie et Lazare et en tant que leur Sauveur et ami personnel, Il tenait à eux. Ils connaissaient bien Jésus comme être humain et comme leur Dieu. Chacun connaissait les détails de la vie des autres.

Il est remarquable que dans Jean 15 : 15 Jésus, le Fils de Dieu, dise qu'Il ne nous appelle plus serviteurs, mais amis ! Il dit qu'un serviteur ne sait pas ce que fait son maître, mais que tout ce qu'Il (Jésus) a appris de Son Père, Il nous l'a fait connaître ! Il connaît chaque détail de notre vie, Il y est attentif et, parce que le Saint-Esprit habite dans nos cœurs, nous pouvons également Le connaître ainsi que Ses plans !

Jésus était Le Grand Enseignant. Sur terre, Jésus a montré comment être présent aux côtés de ceux qui sont dans le deuil et comment les aimer. Il nous a montré comment pleurer avec ceux qui pleurent. Il disait : « On peut être en colère, triste et pleurer quand on perd quelqu'un que l'on aime ». Il n'a pas réprimandé Marthe et Marie lorsqu'elles Lui ont reproché de ne pas avoir été là et d'avoir laissé leur frère mourir. Il ne s'est pas non plus empressé de rectifier la situation avant d'avoir montré qu'Il comprenait leurs émotions et y était attentif.

Au-delà de ses échanges avec les deux sœurs, Jésus faisait savoir aux hommes de tous les pays et de tous les temps qu'un homme peut pleurer. Jésus sait que et les hommes et les femmes ont besoin de pleurer. Pleurer est un don de Dieu qui nous aide à évacuer la souffrance de nos cœurs quand elle déborde. Pleurer ne rend pas un homme moins viril. Jésus, par Sa parole, tenait en Son pouvoir la vie et la mort ; pourtant Il a permis que Son tendre cœur s'exprime publiquement au travers de larmes.

Mais après avoir manifesté Sa présence, Son amour et Sa compassion, Jésus ne s'en est pas tenu là ! Il a prouvé qu'Il EST la Résurrection et la vie en ramenant Lazare d'entre les morts ! Ce faisant, Jésus n'a pas seulement rendu à Lazare sa vie terrestre, mais Il a également prouvé qu'Il est le seul à détenir le pouvoir sur la mort !

Si nos maris sont morts croyants en Christ, ils vivront éternellement avec lui. Si une veuve ne sait pas si son mari croyait en Jésus ou non, elle peut avoir confiance dans la justice et la compassion de Dieu. On ne connaît jamais les dernières pensées d'une personne. Comme il est dit dans Genèse 18 : 25, « Celui qui juge toute la terre n'agira-t-il pas selon le droit ? » La réponse implicite est « Oui ! »

Si nos maris sont morts dans la foi, croyant qu'ils allaient recevoir la guérison, nous sommes amenées à faire face à cette question : « Pourquoi n'a-t-il pas été guéri ? » Nous savons que Dieu aurait pu le guérir s'il l'avait voulu ; après tout, Jérémie 32 : 27 (PDV) dit : « Moi, le Seigneur, je suis le Dieu de tout ce qui vit. Est-ce qu'il y a quelque chose de trop difficile pour moi ? » La question n'est pas Son pouvoir.

Une veuve peut se demander : « Pourquoi Dieu n'a-t-il pas voulu guérir mon mari ? Ne se souciait-Il pas de mon mari ? De moi ? De nos enfants ? N'avons-nous pas eu assez de foi ? N'avons-nous pas assez prié ? » Peut-être a-t-elle prié. Elle a cru. Elle a eu assez de foi. Et pourtant Dieu a choisi de reprendre son mari. Une veuve peut tourner sa colère vers Dieu parce qu'Il a permis que son mari meure. Faire face à ces questions est une étape normale dans la phase de négociation du deuil.

La réponse aux questions de la veuve ne se trouve *pas* dans le *pouvoir* de Dieu, mais dans Son *caractère*. Dieu est amour. Il est juste. Il est bon. Il est digne de confiance. Dieu est un Dieu bon. Les voies de Dieu ne sont pas nos voies. Ses pensées ne sont pas nos pensées. Il a Ses raisons. Et toutes Ses raisons sont en définitive pour notre bien et pour Sa gloire.

Mary Beth témoigne : J'ai dû faire face au fait que Bob et moi avons cru jusqu'à son dernier battement de cœur que Dieu le guérirait. Notre famille a prié et jeûné avec une foi ferme. Nous nous sommes appuyés sur les promesses de la Parole de Dieu. Des centaines de personnes se sont jointes à nous pour prier pour Bob. Et pourtant, Jésus a ramené Bob à la Maison.

Que s'est-il passé ?

Je n'avais pas de réponse à cette question. J'ai choisi de faire confiance à Dieu. Quelques mois plus tard, le Saint-Esprit Saint m'a révélé que, puisque Bob était mort dans la foi comme les saints dont nous parle Hébreux 11, Dieu lui a donné une récompense spéciale lorsqu'il est arrivé au Ciel. « Et tous ceux-là qui avaient reçu par leur foi un bon témoignage, n'ont pas obtenu ce qui leur avait été promis. Car Dieu avait en vue quelque chose de meilleur pour nous, afin qu'ils ne parviennent pas sans nous à la perfection. » (Hébreux 11 : 39-40).

Comment Dieu nous réconforte-t-Il ?

Dieu est amour. Dieu comprend que nous ayons besoin de réconfort ! Ésaïe 53 nous montre la manière dont Jésus s'identifie à notre souffrance. Dans ce chapitre, Il est appelé « homme de douleur. » Il est dit qu'il était habitué à la souffrance. Il a non seulement pris nos péchés sur la croix, mais Ésaïe continue en disant qu'Il a porté nos souffrances et s'est chargé de nos douleurs ! Il se sent profondément concerné quand nous sommes affectées par la perte d'un être cher, d'un rêve ou de quelque chose d'important dans nos vies. Il nous connaît mieux que quiconque et promet de nous consoler tout comme une mère ou un père le ferait si leur enfant souffrait. Ésaïe 66 :13 (PDV) dit : « Oui, comme une mère console son enfant, moi aussi je vous consolerai. » Qui mieux qu'une mère peut consoler son enfant ? Toutefois, nous avons aussi profondément besoin de l'amour d'un père. Dieu a promis que « comme un père a compassion de ses fils, l'Éternel a compassion de ceux qui le craignent. Car il sait de quoi nous sommes formés, il se souvient que nous sommes poussière. » (Psaume 103 : 13-14).

L'amour maternel transparait à nouveau dans ce que dit Jésus en Matthieu 23 : 37 : « (...) Combien de fois ai-je voulu rassembler tes enfants, comme une poule rassemble ses poussins sous ses ailes (...) ». Comme une poule avec ses poussins, Jésus désire ardemment nous couvrir de Ses ailes et nous prodiguer réconfort et sécurité contre les inévitables tempêtes de la vie. Le Psaume 91 : 4 dit : « Il te couvrira de ses plumes, tu te réfugieras sous ses ailes ; sa vérité est un bouclier et une cuirasse. »

À la fin des temps, Dieu effacera personnellement toute larme de nos yeux. La mort ne sera plus, et il n'y aura plus ni deuil, ni cri ni douleur, car les premières choses (le monde tel que nous le connaissons actuellement) auront disparues (Apocalypse 21 : 4).

Ne soyez pas seule face à votre deuil !

Jésus a pleuré Lazare avec Marthe et Marie, Il sait qu'il ne faut pas que nous entreprenions seule notre douloureux processus de deuil. Alors que nous apprenons à gérer les émotions liées à notre perte, nous avons besoin d'être accompagnée. Jésus l'a fait pour ses amis. Il nous aidera aussi ! Le deuil est le processus par lequel nous nous séparons ce que nous ne pouvons conserver. Pleurer est l'expression visible du deuil ; cela place notre tristesse dans le cadre de notre relation avec Dieu et avec les autres.

Une partie importante du ministère de Jésus consiste à « consoler tous ceux qui sont dans le deuil, rétablir les gens (...) qui sont dans le deuil » (Ésaïe 61 : 2–3a NBS). Parce que nous formons le Corps du Christ sur cette terre, nous avons également reçu le ministère de consoler les autres dans leur peine. Celle qui vit un deuil a besoin de la consolation apportée par ses frères et ses sœurs en Christ. Le « Dieu de toute consolation » nous console « afin que, par la consolation que nous recevons nous-mêmes de la part de Dieu, nous puissions consoler ceux qui se trouvent dans toute sorte d'affliction ! Car, de même que les souffrances de Christ abondent pour nous de même aussi notre consolation abonde par le Christ » (2 Corinthiens 1 : 4–5).

Consoler et être consolée de cette façon augmente les liens affectifs et l'amour entre les gens. C'est l'une des raisons pour lesquelles Jésus a dit : « Heureux ceux qui pleurent, car ils seront consolés » (Matthieu 5 : 4). Par conséquent, au lieu de dire à quelqu'un « ne pleure pas », nous pouvons partager la compassion de Christ en apportant la consolation aux autres. En agissant ainsi, nous obéissons au commandement de la Parole : « Réjouissez-vous avec ceux qui se réjouissent ; pleurez avec ceux qui pleurent. » (Romains 12 : 15).

Cela finira-t-il un jour ?

Au cœur du deuil, il peut paraître difficile d'imaginer qu'il y aura encore des jours heureux. Même si cela semble impossible à ce moment-là, la joie reviendra petit à petit. Alors que le brouillard opaque de la dépression peut s'installer dans la durée, tout processus de deuil prendra fin. Ésaïe 57 : 18 dit : « J'ai vu ses voies, mais je le guérirai ; je le guiderai et je le comblerai de consolations. » Jérémie 31 : 13 dit : « je changerai leur deuil en gaîté et je les consolerai ; je les réjouirai après leurs tourments. »

De plus Jérémie 31 : 3–4 nous dit que l'Éternel nous aime d'un amour éternel et nous conserve Sa bienveillance. À cause de cela, nous sortirons encore « au milieu des danses de ceux qui s'égaient. »

Nous ne vivons pas notre deuil de la même manière que les autres

Bien que les chrétiens soient soumis aux difficultés et aux pertes inhérentes à la vie sur la planète Terre, nous ne vivons notre deuil comme les gens qui n'ont pas d'espoir ! Parce que Jésus est mort et ressuscité, nous savons que nous ressusciterons nous aussi pour vivre au Ciel avec lui pour l'éternité ! Même si la mort provoque une grande souffrance, la résurrection de Jésus et la promesse de la vie éternelle chassent l'aiguillon de la mort !

Témoignage de Mary Beth

Mon père, le révérend John M. Baker, était un homme à part et très aimé. Pasteur de l'Église Méthodiste Libre pendant plus de cinquante ans, il était hautement estimé par des milliers de personnes. Mais pour moi, il était mon Papa et mon héros ! Il a vécu et aimé d'une manière qui manifestait le cœur de mon Père céleste aimant.

Lorsque Papa mourut à l'âge de quatre-vingts ans, la famille et les amis prirent l'avion des quatre coins du pays pour lui rendre hommage. Bien que ma famille ait été profondément endeuillée, nous nous aperçûmes que la mort avait perdu son aiguillon.

Pendant que j'aidais ma mère à organiser la cérémonie, quelques membres de ma famille accompagnés par le pasteur de mes parents se réunirent au Funérarium dans le salon funéraire où avait été placé le corps de papa. À cet instant, ce n'était plus que l'enveloppe de l'homme que nous avions tous tant aimés. Son esprit était avec Jésus ! Oui nous avons pleuré, mais parce que nous sommes également une famille qui aime la musique, quelqu'un a entonné un chant de louange. Nous nous sommes tous, y compris ma mère la veuve endeuillée, tenus par la main et nous avons, chant après chant, loué et remercié le Seigneur ; nous avions chanté un grand nombre de ces cantiques avec mon père (un ténor *extraordinaire*). Nous n'avons arrêté de chanter que parce que nous nous sommes rendu compte que nous étions peut-être un peu trop bruyants et joyeux pour ceux qui se recueillaient dans les salons voisins ! Puis le pasteur a conduit la famille dans une prière très profonde avant que chacun d'entre nous dise des au revoir tendres et pleins de larmes.

Ce type de réjouissance au milieu du chagrin n'est possible que par la puissance du Saint-Esprit et le sentiment que notre bien-aimé est maintenant dans les bras de Jésus !

Transmettez la consolation !

Puisque nous savons que nous avons l'espoir et la consolation donnés par le Saint-Esprit, nous pouvons transmettre cette consolation à ceux qui, autour de nous, ont également souffert d'une perte. Voici quelques suggestions pratiques pour aider les personnes en deuil :

1. Réagissez par une visite, un appel téléphonique, une carte ou une lettre. Il est possible que ces personnes conservent précieusement les petits mots pendant longtemps. The Widows Project propose des cartes pour les occasions marquantes, adaptées aux événements exceptionnels de la vie d'une veuve : son anniversaire, l'anniversaire de son mariage, l'anniversaire de son mari et celui de sa mort. Pour plus de détails, veuillez consultez le site (en anglais) thewidowsproject.org.
2. Ne vous inquiétez pas si vous ne savez pas quoi dire. Votre simple présence, une étreinte ou des pleurs versés ensemble suffisent souvent à exprimer votre attention. « Pleurez avec ceux qui pleurent » (Romains 12 : 15).
3. Rassurez la personne qui pleure en lui disant que les larmes font partie intégrante de sa reconstruction.
4. Écoutez avec compassion la veuve endeuillée exprimer ses pensées et ses sentiments. Elle peut vouloir parler surtout de son mari.
5. N'ayez pas peur de parler de l'être aimé décédé mais partagez des souvenirs encourageants.
6. Ne dites pas : « si tu as besoin d'une aide quelconque, dis-le-moi » mais proposez une aide spécifique et pratique.
7. Rappelez-vous qu'elle aura besoin de soutien dans les mois à venir car faire son deuil prend du temps.
8. Assurez-la de votre soutien dans la prière pendant son deuil.

Le deuil est un processus qui a un commencement et une fin. Même si les choses ne seront plus jamais comme avant, nous trouverons « une nouvelle normalité » et ressentirons à nouveau du bonheur et de la joie. Les pleurs peuvent durer toute la nuit, cependant le Psaume 30 : 5 nous assure : « mais le matin, c'est un cri de joie ! » (PDV)

Questions de discussion

1. Un proverbe du Honduras dit : « un chagrin partagé est un demi-chagrin. Une joie partagée est une double joie. » Dieu sait que nous avons besoin des autres pendant notre deuil, et c'est pourquoi Romains 12 : 15 dit : « Réjouissez-vous avec ceux qui se réjouissent ; pleurez avec ceux qui pleurent. » Qui parmi votre famille, vos amis, vos responsables spirituels et vos aidants fait partie de votre système de soutien dans le deuil ? Quelles sont les personnes qui vous ont proposé de l'aide ?

   _____
   _____
   _____
   _____
   _____
   _____
   _____
   _____
   _____
   _____

2. Pensez à vous joindre à un groupe d'accompagnement pour faire votre deuil. Les groupes chrétiens d'accompagnement tels que The Widows Project ou GriefShare organisent des rencontres dans beaucoup d'églises ou sur Zoom. Les groupes de deuil laïques peuvent être utiles, mais ils ne proposent pas l'espoir en Jésus. Ne vous isolez pas, mais prenez des initiatives et cherchez sur l'Internet des groupes d'accompagnement du deuil proches de votre domicile.

   _____
   _____
   _____
   _____
   _____

_____
_____
_____
_____
_____
_____
_____
_____

3 Décrivez votre souffrance et partagez-la honnêtement avec Dieu maintenant, et avec des amis de confiance lorsque ce sera possible. Rappelez-vous, « Heureux ceux qui pleurent, car ils seront consolés » (Matthieu 5 : 4).

_____
_____
_____
_____
_____
_____
_____
_____
_____
_____
_____
_____
_____

4 Pour faire notre deuil d'une manière saine, nous avons besoin de comprendre ce que la perte implique. Chaque perte a de multiples niveaux. Par exemple, la perte d'emploi entraîne non seulement la perte de revenu mais aussi, au deuxième plan, la perte des relations amicales quotidiennes avec vos collègues.

Ce qui suit représente une tâche énorme, aussi allez-y doucement et, autant que possible, effectuez-la avec une personne en qui vous avez confiance. Si vous souffrez actuellement d'une perte ou si vous avez subi dans le passé une perte que vous n'avez pas surmontée, identifiez d'abord votre perte principale, puis faites la liste des pertes secondaires qu'elle a entraînées.

_____
_____
_____
_____
_____
_____
_____
_____
_____
_____
_____
_____
_____
_____

Devenir plus forte : Recommandation no 11

Laissez cette lumière briller en vous

À travers votre perte, devenez plus forte et soyez une bénédiction pour les autres.

CHAPITRE ONZE
LAISSEZ CETTE LUMIÈRE BRILLER EN VOUS
VOTRE TRANSFORMATION GLORIFIE DIEU

« ... Afin qu'on les appelle térébinthes de la justice, plantation de l'Éternel, pour servir à sa splendeur» (Ésaïe 61 : 3b).

Dieu est le jardinier et le vigneron

Ésaïe 61 : 3b dit que nous serons appelées « térébinthes de la justice ». Un « térébinthe de la justice ? » Est-ce un compliment ? Oui, c'en est un ! Dieu fera de nous des femmes qu'Il peut utiliser, magnifiques et solides à l'image du bois du térébinthe, ornemental et résistant. Quel honneur de penser qu'en laissant Jésus vivre à travers moi, je peux devenir une plantation du Seigneur, un bel arbre dans son jardin, qui lui rend gloire ! Ésaïe 61 : 11 décrit le jardin de Dieu : « En effet, comme la terre fait sortir son germe, et comme un jardin fait germer ses semences, ainsi le Seigneur, l'Éternel, fera germer la justice et la louange en présence de toutes les nations. »

Plus loin en Jean 15 : 1 Jésus dit : « Moi, je suis le vrai cep, et mon Père est le vigneron. » Au verset cinq, Jésus continue en disant que nous sommes les sarments que porte le Vrai Cep, Jésus Lui-même. Il dit que si nous demeurons en Lui, comme Lui en nous, nous portons beaucoup de fruits. Sans Lui, nous ne pouvons rien faire.

Pour produire une abondante récolte de fruits, un vigneron compétent émondera les sarments. Sans émondage, les sarments grêles seront incapables de supporter le poids des fruits. Nous devons faire un choix. Nous, les veuves, devons décider si oui ou non nous allons demeurer en Lui et accepter son émondage bienveillant. Jésus promet que : « si vous demeurez en moi et que mes paroles demeurent en vous, demandez tout ce que vous voudrez, et cela vous sera accordé. Mon Père est glorifié en ceci : que vous portiez beaucoup de fruit, et vous serez mes disciples » (Jean 15 : 7, 8). Nos vies fécondes reflètent la splendeur du Jardinier et Vigneron et Ses desseins en nous et à travers nous.

Dieu est le potier !

En Ésaïe 64 : 8, le prophète décrit Dieu comme un Potier. « Cependant, Éternel, tu es notre Père ; nous sommes l'argile, et c'est toi notre potier, nous sommes tous l'ouvrage de tes mains. »

Quand le mari d'une femme meurt, elle n'est peut-être pas enchantée par la décision du potier, mais elle peut se poser les questions que rapporte Ésaïe 29 : 16 « Quelle perversité est la vôtre ! Le potier doit-il être considéré comme de l'argile, pour que l'ouvrage dise de l'ouvrier : Il ne m'a pas fait ? Pour que le pot dise au potier : Il n'a pas d'intelligence ? » Ou, comme la Bible anglaise dite *Message Bible* le déclare : « Vous avez tout faux ! Vous traitez le potier comme un bloc d'argile. Est-ce qu'un livre dit à son auteur : Il n'a pas écrit une seule de mes lignes ? Est-ce qu'un plat dit de la femme qui l'a cuisiné : elle n'a rien à voir là-dedans ? »

Il serait vraiment absurde de répondre à Dieu de cette façon ! Donc, même si nous pouvons ne pas apprécier la manière dont Il nous façonne et nous remanie, nous ne devons pas oublier que Dieu sait ce qu'Il fait. Il conduit réellement toutes choses à coopérer à notre bien (Romains 8 : 28). Il nous transforme en un nouveau vase qui a encore plus de valeur que le précédent.

Vous pouvez vous demander : « Mais comment moi, une veuve, puis-je être un vase beau et utile ? J'ai été brisée ! »

Dans l'art de la mosaïque, les morceaux cassés de céramique ou de porcelaine qui autrement auraient été mis au rebut sont réarrangés et transformés en belles œuvres d'art, uniques et précieuses. Lorsque nous nous plions à la conception du potier, les mosaïques restaurées de nos vies sont encore plus belles que si nous n'avions jamais été brisées.

Il y a quelques années, Mary Beth dirigeait la louange lors d'une retraite pour femmes. Une femme qui avait beaucoup souffert à cause d'un mariage difficile et de la rébellion de ses enfants a partagé que, durant la louange et la prière, Dieu lui avait montré une vision de son cœur. Il avait été brisé en mille morceaux. Elle a ensuite vu les morceaux de son cœur se replacer ensemble, mais cette fois-ci Dieu avait rempli entre les espaces entre les morceaux avec de l'or pur ! Il avait réparé son cœur d'une manière extraordinaire : personne n'aurait pu en faire autant !

Il n'y a pas de quoi s'étonner !

Jésus nous a averties qu'il y aurait des tribulations dans ce monde mais avec l'aide de Dieu, comme les épreuves nous font grandir, nous pouvons devenir plus fortes que jamais. À un moment ou à un autre, nous subirons toutes des pertes. Nous pourrons alors choisir la façon dont nous réagirons au deuil. Certaines personnes tiennent Dieu pour responsable et Lui tournent le dos sur quand survient la souffrance. Au lieu de croître dans l'adversité, elles deviennent amères et pleines de ressentiment. Cette attitude est dangereuse car Dieu résiste aux orgueilleux, mais il donne Sa grâce aux humbles (Jaques 4 : 6). Dieu a cependant un meilleur plan pour nous. Plutôt que d'accuser Dieu, 1 Pierre 5 : 6-11 nous montre le chemin tracé par Dieu et qui mène de l'humilité à la victoire :

« Humiliez-vous donc sous la puissante main de Dieu, afin qu'il vous élève en temps voulu. Déchargez-vous sur lui de tous vos soucis, car il prend soin de vous. Soyez sobres. Veillez ! Votre adversaire, le diable, rôde comme un lion rugissant, cherchant qui dévorer ; résistez-lui, fermes en la foi, et sachant que les mêmes souffrances sont imposées à vos frères dans le monde.

Le Dieu de toute grâce, qui, en Christ, vous a appelés à sa gloire éternelle, après que vous aurez souffert un peu de temps, vous formera lui-même, vous affermira, vous fortifiera, vous rendra inébranlables. À lui la puissance aux siècles des siècles ! Amen ! »

Le diable a lui aussi un plan pour les veuves. Il n'a aucune compassion. Criminel opportuniste, il cible la veuve là où elle est vulnérable. Les experts en autodéfense enseignent que trois éléments doivent être réunis pour qu'un malfaiteur passe à l'acte :

- le désir de commettre un crime
- la capacité de le commettre
- l'opportunité de le commettre

Même si nous ne pouvons pas agir sur le désir ou la capacité du criminel de nous agresser, nous pouvons nous protéger nous-mêmes en ne lui en fournissant pas l'opportunité. Dieu a donné aux chrétiens des tactiques pour se défendre contre l'ennemi. Le diable n'est pas seulement un criminel, c'est aussi un lâche. Jacques 4 : 7 nous ordonne : « ... Soumettez-vous donc à Dieu ; Résistez au diable, et il fuira loin de vous. »

Dieu nous donne aussi gratuitement Son armure pour que nous la revêtions chaque jour. Éphésiens 6 : 10-18 nous en donne le mode d'emploi.

« Au reste, fortifiez-vous dans le Seigneur et par sa force souveraine. Revêtez-vous de toutes les armes de Dieu, afin de pouvoir tenir ferme contre les manœuvres du diable. Car nous n'avons pas à lutter contre la chair et le sang, mais contre les principautés, contre les pouvoirs, contre les dominateurs des ténèbres d'ici-bas, contre les esprits du mal dans les lieux célestes. C'est pourquoi, prenez toutes les armes de Dieu, afin de pouvoir résister dans le mauvais jour et tenir ferme après avoir tout surmonté. Tenez donc ferme : ayez à vos reins la vérité pour ceinture ; revêtez la cuirasse de la justice ; mettez pour chaussures à vos pieds les bonnes dispositions que donne l'Évangile de paix ; prenez, en toutes circonstances, le bouclier de la foi, avec lequel vous pourrez éteindre tous les traits enflammés du Malin ; prenez aussi le casque du salut et l'épée de l'Esprit, qui est la Parole de Dieu. Priez en tout temps par l'Esprit, avec toutes sortes de prières et de supplications. Veillez-y avec une entière persévérance. Priez pour tous les saints. »

Ainsi, lorsque nous faisons face à des épreuves dans ce monde, nous pouvons choisir de :

- rester humble et ne pas tenir Dieu pour responsable
- revêtir notre armure et résister au diable
- nous préparer à adopter le point de vue de Dieu sur la souffrance

L'apôtre Pierre a écrit dans 1 Pierre 4 :12–13 : « Bien-aimés, ne soyez pas surpris de la fournaise qui sévit parmi vous pour vous éprouver, comme s'il vous arrivait quelque chose d'étrange. Au contraire, réjouissez-vous de participer aux souffrances du Christ, afin de vous réjouir aussi avec allégresse, lors de la révélation de sa gloire. » Ainsi, selon Pierre, nous pouvons faire face aux épreuves avec une attitude de vainqueur en nous rappelant de :

- ne pas être surprise
- nous réjouir de participer aux souffrances du Christ
- nous réjouir avec allégresse quand la gloire de Christ sera révélée

Vous êtes la lumière du monde

Quand nous souffrons mais que nous continuons à faire le bien, nous rendons gloire à Dieu. Une bougie à l'intérieur d'un pot brisé brille à travers ses fentes ; nous, les veuves, pouvons aussi briller pour Jésus, même dans nos brisements. En Matthieu 5 : 14–16, Jésus dit : « C'est vous qui êtes la lumière du monde. Une ville située sur une montagne ne peut être cachée. On n'allume pas une lampe pour la mettre sous le boisseau, mais on la met sur le chandelier, et elle brille pour tous ceux qui sont dans la maison. Que votre lumière brille ainsi devant les hommes, afin qu'ils voient vos œuvres bonnes, et glorifient votre Père qui est dans les cieux. »

Mais que signifie : laisser votre lumière briller pour Jésus ? Tout comme la lune reflète la lumière plus intense du soleil, les chrétiens reflètent la gloire du Fils. Alors, que votre lumière brille, non pas pour que les gens voient à quel point *vous* êtes merveilleuse, mais pour qu'ils puissent voir à travers vos œuvres bonnes à quel point *Dieu* est merveilleux ! En passant du temps avec Lui à travers la parole, la prière et la communion, nous deviendrons de plus en plus semblables à Christ. Nous allons refléter « la gloire du Seigneur » lorsque nous serons « transformés en la même image, de gloire en gloire, comme par le Seigneur, l'Esprit » (2 Corinthiens 3 : 18). Nous pouvons briller pour Jésus même dans les moments les plus sombres de notre vie.

Questions de discussion

1. Décrivez des personnages Bibliques qui ont été transformés après avoir été brisés et qui sont devenus des reflets de la splendeur de Dieu. Comment étaient-ils « avant » ? Et « après » ?

2. Êtes-vous (ou l'une de vos connaissances) passée par ce processus de transformation ? Si c'est le cas, partagez l'« avant »et l'« après ».

3. Au cœur de votre deuil, rappelez-vous que Dieu a sacrifié la vie même de Son fils pour vous, pour vous le faire surmonter. Il n'a pas agi ainsi seulement pour vous encourager, mais aussi pour faire éclater Sa gloire ! Réfléchissez à nouveau à ce que dit Romains 8 : 32 : « Lui qui n'a pas épargné son propre Fils, mais qui l'a livré pour nous tous, comment ne nous donnera-t-il pas aussi tout avec lui, par grâce ? » Prenez un moment pour remercier Dieu pour le sacrifice de Jésus-Christ, puis demandez-Lui de vous apporter l'aide plus personnelle dont vous avez besoin.

Devenir plus forte : Recommandation no 12

Investissez dans l'avenir

Quand vous glorifiez Dieu à travers votre deuil, vous devenez un modèle qui encourage les générations à venir.

Chapitre douze
Investissez dans l'avenir
Rebâtir les générations

« Ils rebâtiront sur d'anciennes ruines, ils relèveront d'antiques décombres, ils rénoveront des villes désertes, dévastées pendant des générations. » (Ésaïe 61 : 4)

Restaurer des ruines, reconstruire des zones dévastées

Dieu est maître-bâtisseur—et rebâtisseur—même si la dévastation a duré pendant des générations. Le livre de Néhémie est un accomplissement partiel d'Ésaïe 61 : 4 ; le peuple de Dieu, sous la direction de Néhémie, a reconstruit sur les décombres des murailles de Jérusalem.

Au lieu de la ruine et de la dévastation, de la honte et du déshonneur, Dieu promet une double bénédiction à ceux qui Lui appartiennent. Non seulement nous sommes bénis, mais nous pouvons espérer que nos enfants et petits-enfants recevront aussi Sa bénédiction : « Leur descendance sera connue parmi les nations et leur progéniture parmi les peuples ; tous ceux qui les verront reconnaîtront qu'ils sont une descendance bénie de l'Éternel. » (Ésaïe 61 :9). Dieu promet de bénir les enfants de ceux qui Lui appartiennent.

Une veuve fera à sa manière le deuil du père de ses enfants, mais les enfants vivront cette perte et feront leur deuil différemment. Chaque enfant vivra d'une façon spécifique l'absence de son père parce qu'il avait une relation particulière avec lui. De même les amis de son mari avaient leur propre relation avec lui et ne vivront pas ce deuil comme elle.

Pour les générations à venir

Quel souvenir voulez-vous laisser ? Y avez-vous pensé ? Que nous en soyons consciente ou non, nous avons un impact sur notre entourage. Alors pourquoi ne pas vivre à dessein en gardant à l'esprit les générations futures ?

Le Docteur Meier témoigne : Comme je l'ai appris pendant mes études de médecine : « On observe, puis on pratique, puis on enseigne ». J'ai d'abord appris en observant mes professeurs et d'autres médecins expérimentés, j'ai ensuite pratiqué sous leur regard, puis à la fin j'ai aidé d'autres étudiants en médecine en leur transmettant ce que j'avais appris. Le même principe peut s'appliquer au processus de deuil. Avec l'aide de Dieu et en utilisant les recommandations qui sont données dans ce livre, nous sortons plus fortes que jamais des difficultés. Mais ne nous arrêtons pas là ! Nous pouvons aussi transmettre les principes que nous avons appris de nos propres luttes afin d'aider nos enfants, nos amis et nos proches à tirer parti pour leur croissance de la sagesse que nous avons acquise. Ils seront ainsi mieux équipés pour faire face aux pertes futures qui sont inévitablement notre lot commun.

Mary Beth témoigne : Lorsque nos enfants étaient jeunes, nous leur avons enseigné la dîme en leur remettant trois petites tasses dans lesquelles répartir leur argent. L'une d'entre elle était étiquetée « Dieu », une autre « économiser » et la troisième « dépenser ». J'ai été récemment garder les enfants de mon fils David et j'ai été ravie de voir trois tasses étiquetées — vous l'avez bien deviné — « Dieu », économiser » et « dépenser ».

Certaines leçons, comme celle-ci, sont expressément enseignées. D'autres sont simplement tirées de la vie de tous les jours. D'autres encore ne pourront pas être « assimilées » tant que nos enfants n'auront pas leurs propres enfants. Quelles leçons souhaitez-vous transmettre à la prochaine génération ?

La leçon la plus importante

Comment devenir chrétien : c'est la chose essentielle que nous pouvons enseigner à la nouvelle génération ! La boucle est bouclée ! Nous devons toujours accorder la priorité à ce qui est essentiel. Comme l'a dit Paul en actes 16 : 31 : « Crois au Seigneur Jésus, et tu seras sauvé, toi et ta famille. » À quoi servirait-il de leur enseigner cette vie si l'on omettait la vie éternelle à venir ? À rien ! Comme nous le rappelle Joël 1 : 3 : « Racontez-le à vos fils, et que vos fils (le racontent) à leurs fils, et leurs fils à la génération suivante ».

Donner l'exemple

À la transmission de l'Évangile à la nouvelle génération, nous pouvons ajouter l'exemple d'une vie sainte qui les encouragera longtemps après notre disparition. Même si nous n'en sommes pas forcément conscientes, les événements d'aujourd'hui seront peut-être racontés à nos enfants, nos petits-enfants et même nos arrière-petits-enfants encore à naître ! Quel genre de souvenirs voulez-vous laisser ? Que vous ayez ou non des enfants biologiques, la foi en Christ, lorsqu'elle est transmise à des enfants spirituels, peut avoir un impact bien au-delà du simple « cercle familial » ! Par exemple, Carmen Harris-Taylor, la marraine des enfants de Mary Beth, aura de nombreux enfants dans le Ciel parce qu'elle a aimé, servi et amené à la foi en Christ des personnes dans le monde entier.

En 2003, j'ai assisté à une réunion de prière au cours de laquelle une femme merveilleuse, Fran Lance, a prié pour mon fils Steve et pour moi. La prière ayant été enregistrée, j'ai pu la retranscrire. Fran ne me connaissait pas bien. Je suis impressionnée aujourd'hui du moment parfait choisi par le Seigneur ! Lisez le merveilleux encouragement que le Seigneur m'a donné à travers la prière de Fran :

Père, nous bénissons maintenant ta fille au nom de Jésus. Merci, Seigneur. Le Seigneur s'adresse à toi à travers Job 13 : 15 : 'Même s'il voulait me tuer, je m'attendrais à lui. » Je t'ai vu, tu as risqué le tout pour le tout. Tu as dit : « Je vais suivre le Seigneur, quoi qu'il arrive. »

Ta vie ne s'est pas déroulée comme tu le pensais. Le Seigneur dit : « Tu as encaissé des coups. » Je te vois sur un ring de boxe et tu as appris à esquiver les coups. Ces coups de poing ne viennent pas du Seigneur. Il veut que tu le saches. Parfois les gens pensent : « le Seigneur me punit », mais le Seigneur dit : « Ma fille, je t'aime beaucoup. » Et jamais, au grand jamais, et en aucune manière, Il ne sera à l'origine de ces coups dans ta vie. Mais Il a donné le libre arbitre à l'homme, qui l'a utilisé pour te frapper.

Mais le Seigneur dit : « Ma fille, tout cela m'a permis de mettre en valeur l'or qui était en toi. » Job 23 : 10-12 dit : « Il connaît pourtant la voie où je me tiens ; Quand il m'aura mis à l'épreuve, j'en sortirai (pur) comme l'or. Mon pied s'est attaché à ses pas ; J'ai gardé sa voie et je n'en ai pas dévié. Je n'ai pas altéré les commandements de ses lèvres ; J'ai fait plier ma volonté aux paroles de sa bouche. »

Et c'est ainsi que le Seigneur te voit. Et tu en sortiras pure comme l'or. Le feu affine l'or. Donc, tu ne t'es pas contentée de l'argent dont l'affinage nécessite moins d'énergie que l'or, mais tu as dit : « Seigneur, je veux aller jusqu'à l'or. Je ne veux pas en rester à l'argent. » Tu es en train d'y aller.

Le Psaume 78 : 3-4a (PDV) dit : « Nous avons entendu parler des événements d'autrefois, nous les connaissons. Nos parents nous les ont racontés : nous ne les cacherons pas à nos enfants. Nous [les] raconterons aux générations qui viennent. » Le Seigneur dit que ce que vous enseignez à votre enfant sera également transmis à la génération suivante, et même à celle qui viendra après, et encore à celle qui suivra. Les versets 6-7a (PDV) disent donc : « Ainsi les générations qui viennent, les enfants qui vont naître, connaîtront cette histoire et ils la raconteront à leurs enfants. Et les enfants de leurs enfants pourront mettre leur confiance en Dieu. » Ainsi le Seigneur dit qu'en transmettant votre vie à votre fils ou à vos enfants, « cela continuera jusqu'aux générations qui viennent, même aux enfants qui vont naître. »

Merci, Seigneur. Tu bénis ta fille. Nous Te remercions, Seigneur, parce que Tu guéris son cœur blessé. Et nous Te remercions parce que c'est Toi qui guéris. La Bible dit que le Seigneur est près de ceux qui sont blessés, de ceux qui ont le cœur brisé. Le Psaume 147 : 3-5 dit : « Il guérit ceux qui ont le cœur brisé et panse leurs blessures. Il compte le nombre des étoiles, il leur donne à toutes des noms. Notre Seigneur est grand, d'une force immense, Son intelligence n'a point de limite. » Nous la bénissons au nom de Jésus. Amen.

Comme vous pouvez l'imaginer, cette prière a été pour moi une grande bénédiction et un encouragement extraordinaire ! Si vous avez aussi été affinée par le feu, chère veuve, j'aimerais partager la bénédiction de cette prière avec vous ! S'il vous plaît, appropriez-vous cette prière d'encouragement et faites-la monter vers Dieu !

Les petits Lui appartiennent

Dieu se soucie de notre souffrance. Il veille sur nous et nous aide dans le processus de guérison de notre deuil. Mais de petits yeux nous regardent aussi ! Honorons Dieu, même dans ce temps de guérison, afin de laisser à ceux qui nous suivront un exemple pour les encourager lorsqu'ils seront confrontés aux inévitables pertes de la vie. Bien sûr, nous aimerions épargner les épreuves à nos enfants et petits-enfants, mais nos prières et notre exemple les accompagneront bien après notre mort.

Dans ce monde, nous souffrons tous. C'est la vie. Mais Jésus nous a dit de ne pas nous en inquiéter car Il allait préparer une place au Ciel pour tous ceux qui croient en Lui. Nous allons demeurer dans la maison du Père pour toujours ! Tout y est bien ! Jésus dit en Jean 14 : 1–3 Jésus : « Que votre cœur ne se trouble pas. Croyez en Dieu, croyez aussi en moi. Il y a beaucoup de demeures dans la maison de mon Père. Sinon, je vous l'aurais dit ; car je vais vous préparer une place. Donc, si je m'en vais et vous prépare une place, je reviendrai et je vous prendrai avec moi, afin que là où je suis, vous y soyez aussi. »

La nuée de témoins

Hébreux chapitre 12 commence avec ce verset qui nous est maintenant familier : « Nous donc aussi, puisque nous sommes environnés d'une si grande nuée de témoins, rejetons tout fardeau et le péché qui nous enveloppe si facilement, et courons avec persévérance l'épreuve qui nous est proposée » Nos maris, notre famille et nos amis qui sont morts en Christ font partie de ceux qui, dans cette nuée de témoins, nous regardent courir et nous encouragent !

Cette grande nuée inclut ceux qui sont morts avant nous ainsi que ceux qui viendront après nous ! Notre traversée du deuil par la foi peut donner du courage à nos enfants, petits-enfants et à ceux qui sont encore à naître. La puissance de Dieu dans nos vies peut enseigner à ceux qui nous suivront — même des générations après notre mort — à persévérer dans leurs propres épreuves et à faire de grandes choses pour Dieu !

Les enfants sont nos flèches !

Mary Beth témoigne : Alors que j'avais dix-neuf ans et que je me sentais triste après une grande déception, mon père qui était un homme très sage m'a consolée avec cette grande pensée : « Lorsqu'un archer tire une flèche, plus il tend la corde de l'arc en arrière, plus la flèche va loin. » Bien que je ne l'aie pas réellement compris à l'époque, je vois maintenant qu'en tant que chrétiens nous pouvons nous en remettre à l'Archer qui utilisera ce qui semble être un revers et s'en servira pour nous « tirer plus loin » que nous ne serions jamais allés si nous n'avions pas subi ce revers.

Le Psaume 127 : 3–4 dit que des enfants sont une récompense et un héritage de l'Éternel. Il continue en disant qu'ils sont comme des flèches dans la main d'un héros. Les prières et l'exemple de sainteté que nous donnons en tant que guerrières engagées dans un combat spirituel nous rendent capables de tirer les « flèches » de nos enfants biologiques et spirituels loin dans le futur pour gagner des batailles pour le Royaume de Dieu !

Les sacrifices de nos souffrances pour Jésus porteront beaucoup de fruits au cours de notre vie. Pour les générations suivantes qui reprendront courage en regardant notre exemple, ils serviront de la même manière à l'avancée du royaume de Dieu, portant trente, soixante et même cent fois plus de fruits !

Prière de bénédiction pour la prochaine génération

Nous aimerions terminer ce livre avec une prière de bénédiction pour la prochaine génération. N'hésitez pas à personnaliser cette prière pour vos enfants, petits-enfants biologiques ou spirituels et pour ceux encore à naître !

Père bien-aimé,
Nous Te prions de bénir les générations à venir. Nous prions pour qu'elles Te connaissent dès leur plus jeune âge. Nous Te prions pour qu'elles T'aiment et Te servent tous les jours de leur vie. Nous Te prions pour qu'elles croissent en sagesse, en stature et en grâce devant Dieu et devant les hommes, tout comme Jésus.

Nous Te prions pour qu'elles racontent à la génération qui suivra Tes actions glorieuses, Ta puissance et les choses magnifiques que Tu as faites. Nous Te prions pour qu'elles racontent Tes exploits à leurs enfants pour que ceux de la génération future les connaissent. Des fils naîtront, ils se dresseront et les rediront à leurs enfants. Nous Te prions pour qu'ils mettent leur confiance en Toi et qu'ils n'oublient pas Tes œuvres et qu'ils observent Tes commandements.

Nous Te prions pour que, lorsqu'ils seront exposés aux épreuves de la vie, ils se souviennent que les souffrances du temps présent ne sauraient être comparées à la gloire à venir qui sera révélée pour eux. Nous Te prions pour qu'ils Te louent à nos côtés dans les Cieux pour la façon dont Tu nous as soutenues pendant tout le temps où nous étions transformées de gloire en gloire. Et nous Te prions pour qu'ils ne viennent jamais seuls au Ciel mais que, par la foi en Christ, ils y amènent avec eux des myriades de gens.
Au nom de Jésus, Amen.

Questions de discussion

1. Le plan de Dieu pour nos enfants est qu'ils aient une vie de bénédiction et de paix, comme le dit Ésaïe 54 : 13 : « Tous tes fils seront disciples du Seigneur, et la paix de tes fils sera abondantes. » (NBS) S'il y a des domaines dans lesquels vos enfants ne jouissent pas de cette paix pour le moment, prenez un instant pour en parler au Seigneur et demandez-Lui la paix qu'Il a promise.

   _____
   _____
   _____
   _____
   _____
   _____
   _____
   _____
   _____
   _____
   _____
   _____

2. Proverbes 13 : 22 dit : « L'homme de bien transmet à des petits-fils un héritage, ... » En l'occurrence, cela ne fait pas seulement référence à un héritage matériel, mais à un legs de piété qui bénira les générations futures, même celles encore à naître ! Imaginez l'impact de nos vies quotidiennes sur tant de personnes : c'est extraordinaire ! Réfléchissez à ce que vos parents et grands-parents vous ont transmis. Que voulez-vous transmettre à vos enfants et petits-enfants ?

   _____
   _____
   _____
   _____
   _____

3. Que dire du legs de celles qui n'ont jamais eu d'enfants ? Comment peuvent-elles transmettre un héritage aux générations à venir ? Au fil des années, la vie de femmes de Dieu a instruit les générations. Prenons des femmes comme mère Teresa à Calcutta, Helen Keller ou Corrie Ten Boom qui ont, par leur exemple d'intégrité, de courage, d'amour et de générosité ont touché des millions de personnes et les ont inspirées. Si aujourd'hui vous n'avez pas d'enfant, comment aimeriez-vous vivre pour toucher les générations futures ?

4. Même si dans notre culture nous admirons les héros de la foi, aucun d'entre eux n'était parfait ! Nous n'avons pas à mener une vie parfaite pour avoir un impact sur ceux qui viendront après nous. De fait, certaines d'entre nous peuvent mieux glorifier Dieu en témoignant de Son pardon merveilleux et de Sa restauration dans leurs vies et de la manière dont Il les a sauvées des catastrophes et du désastre. Vous pourriez écrire une lettre à vos enfants, petits-enfants ou à d'autres que l'histoire de votre vie a pu toucher et leur racontez ce que Dieu a fait pour vous aider à la mort de votre mari. Que souhaiteriez-vous le plus leur transmettre en héritage ?

_____
_____
_____
_____
_____
_____
_____
_____
_____
_____
_____
_____

Douze lignes directrices en croissance plus forte

1 Commencez par le commencement Développez une relation intime avec Jésus, le véritable Tout-Puissant, parce que, seule, vous êtes incapable de surmonter le deuil par vos propres forces. « l'Esprit du Seigneur DIEU est sur moi. Oui, il m'a consacré pour apporter une bonne nouvelle aux pauvres. » (Ésaïe 61 : 1, PDV)

2 Ne souffrez pas seule Confiez votre cœur brisé à Dieu et à Ses serviteurs pour que les deux vous apportent la guérison. « L'esprit du Seigneur DIEU est sur moi... Il m'a envoyé pour guérir ceux qui ont le cœur brisé... » (Ésaïe 61 : 1, PDV)

3 La confession mène à la liberté Pour être réellement libérée de l'esclavage et guérie, vous devez confesser vos péchés et vos faiblesses à des personnes de confiance ainsi qu'à Jésus. « L'Esprit du Seigneur, l'Éternel, est sur moi, ... pour proclamer aux captifs la liberté » (LSG) « et = ceux qui sont en prison : vous allez revoir la lumière du jour. » (PDV) (Ésaïe 61 : 1)

4 Avec l'aide de Dieu, rejetez tout fardeau Laissez de côté les choses qui vous empêchent d'avancer. « Nous donc aussi, puisque nous sommes environnés d'une si grande nuée de témoins, rejetons tout fardeau et le péché qui nous enveloppe si facilement, et courons avec persévérance l'épreuve qui nous est proposée. » (Hébreux 12 : 1)

5 Levez continuellement les yeux Faites de votre CROISSANCE PERSONNELLE votre plus grande priorité, avant même celle qui consiste à surmonter votre deuil. « [... Courons avec persévérance l'épreuve qui nous est proposée, (verset 1)] les yeux fixés sur Jésus, qui est l'auteur de la foi et qui la mène à la perfection. » (Hébreux 12 : 2a)

6 Tenez bon À chaque fois que vous avez envie de renoncer, persévérez. « Au lieu de la joie qui lui était proposée, [Jésus] a supporté la croix, méprisé la honte, et s'est assis à la droite du trône de Dieu. » (Hébreux 12 :2b, PDV)

7 Ne t'abats pas, mon cœur ! Lorsque vous faites l'expérience de la correction, rappelez-vous que Dieu est un bon Père et dites : « mon Père, Abba (Papa), m'aime. » « Nos pères, en effet, nous corrigeaient pour un peu de temps, comme ils le jugeaient bon : mais Dieu nous corrige pour notre véritable intérêt, afin de nous faire participer à sa sainteté. » (Hébreux 12 :10).

8 Ne vous lassez pas Rappelez-vous que votre victoire est toute proche. « C'est pourquoi redressez les mains abattues et les genoux paralysés. Que vos pieds suivent des pistes droites, afin que ce qui est boiteux ne dévie pas, mais plutôt soit guéri. » (Hébreux 12 : 12–13)

9 Rappelez-vous que Dieu est de votre côté. L'amour de Dieu ne repose pas sur votre performance, mais sur Sa bonté. « L'Esprit du Seigneur, l'Éternel, est sur moi (...) pour proclamer une année favorable de la part de l'Éternel, et un jour de vengeance de notre Dieu. » (Ésaïe 61 : 1-2).

10 Ne soyez pas seule face à votre deuil Pleurez avec celles qui pleurent, jusqu'à ce que Dieu Lui-même essuie toute larme de vos yeux. « L'Esprit du Seigneur, l'Éternel, est sur moi, ... pour consoler tous ceux qui sont dans le deuil ; pour accorder à ceux de Sion qui sont dans le deuil, pour leur donner de la splendeur au lieu de cendre, une huile de joie au lieu du deuil, un vêtement de louange au lieu d'un esprit abattu » (Ésaïe 61 :2b-3b).

11 Laissez cette lumière briller en vous Permettez à votre deuil de vous fortifier et de vous équiper MIEUX afin que vous soyez une bénédiction pour les autres. « Afin qu'on les appelle térébinthes de la justice, plantation de l'Éternel pour servir à sa splendeur. » (Ésaïe 61 : 3b)

12 Investissez dans l'avenir Quand vous surmontez une épreuve avec l'aide de Dieu, vous devenez un modèle qui encouragera les générations à venir. « Ils rebâtiront sur d'anciennes ruines, ils relèveront d'antiques décombres, ils rénoveront des villes désertes, dévastées pendant des générations. » (Ésaïe 61 : 4)

Lectures complémentaires pour les veuves
(en anglais)

Aldrich, Sandra P.
Will I ever Be Whole Again?:
Surviving the Death of Someone You Love

Burke, John
Imagine Heaven

Calligaro, Julie A.
The Widow's Resource:
How to Solve the Financial and Legal Problems
that Occur within Six to Nine Months of Your Husband's Death

Cornish, Carol
The Undistracted Widow:
Serving God after Losing your Husband

Davis, Verdell
Let Me Grieve but Not Forever

Feinberg, Linda
I'm Grieving as Fast as I Can:
How Young Widows and Widowers Can Cope and Heal

Felber, Marta
Finding your Way after Your Spouse Dies
(many resources in back of book)

Ginsburg, Geneviève Davis
Widow to Widow:
Thoughtful, Practical Ideas for Rebuilding Your Life:
Challenges, Changes, Decision-making and Relationships

GriefShare
Through a Season of Grief:
Devotions for your Journey from Mourning to Joy

Groves, Elizabeth W. D.
Becoming a Widow:
The Ache of Missing Your Other Half

Haugk, Kenneth C.
Finding Hope and Healing:
Journeying through Grief series, Book 3

Lyons, Christine et Schaefer, Dan
How do we Tell the Children? :
A Step-by-Step Guide for Helping Children
Two to Teen Cope when Someone Dies

Mabry, Richard L.
The Tender Scar

Morrell, Ben avec Lisa Morrell
Greatly, Deeply
(Written by a member of Seattle Widows)

Neff, Miriam
From One Widow to Another

Pappas, Kristine
Widow for a Season:
Finding Your Identity in Christ

Rose, Arthur W.
Comfort for Christians

Rogers, Joyce
Grace for the Widow:
A Journey through the Fog of Loss

Sissom, Ruth
Instantly a Widow

Sittser, Jerry
A Grace Disguised

Wright, H. Norman
Reflections of a Grieving Spouse

Zonnebelt-Smeege, Susan J.
Getting to the Other Side:
Overcoming the Loss of a Spouse

Comment trouver un bon thérapeute
Par Mary Beth Woll, titulaire d'une maîtrise et conseillère agréée en santé mentale

« Une petite minute ! Trouver un thérapeute ? ! ? Ai-je besoin d'une thérapie ? Avec un peu de volonté, je pourrais m'occuper de ça toute seule, non ? »

En vérité, à un moment ou à un autre tout le monde a besoin de conseils, qu'ils viennent de proches (membres de la famille ou amis), de pasteurs, de mentors ou de professionnels. Prendre cette décision importante pourrait sauver la vie d'une personne et potentiellement changer le destin de nombreuses générations à venir !

Avant d'entreprendre la recherche d'un thérapeute, il importe de définir clairement le besoin.

- Quels sont mes symptômes ?
- Y a-t-il une menace immédiate pour la sécurité de quelqu'un ?
- Veut-on inclure les aspects spirituels dans la thérapie ?
- S'agira-t-il d'une thérapie individuelle, de groupe ou familiale ?
- A-t-on besoin d'un spécialiste du traitement de certains troubles tels que troubles bipolaires, syndromes de stress post-traumatique et autres ?
- Comment vais-je financer les soins ? Puis-je faire jouer la sécurité sociale ou ma mutuelle ? (Actuellement dans certains cas et selon les organismes les enfants peuvent être rattachés au compte de leurs parents jusqu'à l'âge de 25 ans) S'agit-il d'un remboursement à la séance, ou d'un forfait annuel ?
- Est-ce qu'un groupe d'accompagnement ou un programme d'entraide pourront m'apporter ce qu'il me faut ou bien ai-je besoin d'un professionnel spécialisé dans mon type de problème ?

Après toutes ces questions, faut-il encore s'étonner si beaucoup de gens ne franchissent jamais la porte d'un thérapeute ? Il y a de bonnes réponses à toutes ces questions, mais avant même d'y répondre, il y a bien des obstacles à surmonter : par exemple, comment se rendre compte qu'il est temps de consulter un professionnel ?

Comment puis-je déterminer si j'ai besoin d'une thérapie ?

Réfléchissez à ce qui se passe quand une personne attrape un rhume. Si elle est raisonnable, elle boira plus et se reposera davantage. Si le rhume persiste, elle prendre peut-être des vitamines ou des médicaments en vente libre contre le rhume. Si le rhume évolue en bronchite ou en pneumonie, il est temps d'aller consulter un médecin ! Dans de tels cas, il serait imprudent et potentiellement fatal de continuer les remèdes de grand-mère ou l'automédication.

De la même manière, il est important de savoir reconnaître le moment où notre système de soutien personnel ne peut plus répondre à nos besoins émotionnels, comportementaux ou à ceux de notre âme. C'est alors qu'il faut arrêter d'« attendre que ça passe » et recourir à l'aide d'un professionnel !

En tant que chrétienne, ne devrais-je pas m'appuyer seulement sur mon église et sur ma foi au lieu de faire appel à un thérapeute ?

Il peut arriver que les croyances d'une personne ou les traditions religieuses dans lesquelles elle a été élevée puissent l'empêcher de recourir à une aide psychologique. Beaucoup ont appris que si leur foi est suffisamment ferme, le recours à une assistance extérieure sera inutile. Certaines s'interrogent même : « Est-il admissible qu'une chrétienne entreprenne une thérapie ? Si j'étais un « meilleure chrétienne », je n'aurais pas besoin d'une thérapie, non ? Ne devrais-je pas me contenter de lire ma Bible et de prier plus souvent ? »

Ce genre de pensées peut prolonger la souffrance d'une personne et rajouter inutilement de la honte à celle qu'elle ressent déjà. Si quelqu'un est aux prises avec des traumatisme ou des maltraitances issues de son passé, avec certaines addictions ou avec un certain nombre d'autres problèmes de santé mentale, un conseiller expérimenté peut être un outil et un allié exceptionnel. Dans de tels cas, si vous leur dites : « Tu n'as pas besoin d'aide psychologique. Tu n'as qu'à devenir meilleur et plus fort en Christ » ou « Tu n'as qu'à lire ta Bible et prier plus », cela ne les aidera pas, mais revient à les condamner à vivre encore pendant des années avec leurs symptômes en se cachant et en utilisant des stratégies d'adaptation malsaines. Dans une communauté de foi bienveillante, nous devrions vraiment nous encourager les uns les autres à rechercher l'aide dont nous avons besoin ; recevoir l'aide d'un thérapeute expérimenté est une possibilité excellente et saine.

Qu'en est-il des médicaments ?

Le recours aux médicaments dans le traitement de la dépression, de l'anxiété ou des troubles bipolaires (entre autres) est parfois très légitime. Il ne faut pas sous-estimer ce besoin : on ne conseillerait pas non plus à un diabétique d'arrêter de prendre son insuline ! Les gens ont souvent du mal à se faire à l'idée de commencer à prendre des médicaments ; ils pensent que cela les fera paraître faibles ou même « fous ». En réalité, le cerveau est un organe qui peut tomber malade comme toute autre partie du corps. Dans certains cas, une petite différence dans la formation du cerveau à la naissance nécessite des soins médicaux.

Beaucoup de chrétiens, et en particulier ceux qui ont surmonté une toxicomanie, sont réticents à l'utilisation de médicaments ; ils pensent qu'un « bon chrétien » ne devrait pas avoir besoin d'antidépresseurs ou de médicaments régulateurs de l'humeur. Cette idée fausse peut éloigner beaucoup de personnes d'un traitement indispensable. Il est bien sûr vrai que Dieu guérit encore mais apparemment, Il choisit également d'utiliser la médecine et ne nous condamne pas pour cela. Jésus l'a confirmé dans Matthieu 9 : 12 : « Ce n'est sont pas les bien-portants qui ont besoin de médecin, mais les malades. » Prier pour les malades est un ministère essentiel de l'Église ; mais il est tout aussi dangereux pour l'Église de déconseiller le recours à la médecine qu'il serait périlleux que les pasteurs et les membres de l'église se mettent en rang et rédigent des ordonnances les uns pour les autres le dimanche matin ! Il faut dans ce cas recourir à un professionnel de la santé mentale.

Bien que les thérapeutes ne prescrivent pas de médicaments, ils peuvent établir un diagnostic et s'adresser à un confrère pour prescrire un traitement médical approprié ; thérapie et traitement se renforceront mutuellement.

Mon passé affecte-t-il ma vie et mes relations aujourd'hui ?

Certaines personnes ont subi pendant leur enfance des abus sexuels ou d'autres traumatismes terrifiants impossibles à comprendre pour un enfant. Les souvenirs de telles horreurs ne s'effacent pas. Ils sont si menaçants que le cerveau protège la personne en les enfouissant profondément dans son subconscient pendant des années, alors qu'elle poursuit sa croissance. Plus tard, ces souvenirs peuvent se manifester sous forme de symptômes comportementaux inexpliqués ou sous forme d'amnésie concernant des pans entiers de souvenirs d'enfance. Lorsque ces symptômes commencent à apparaître à l'âge adulte, la personne peut avoir besoin de quelqu'un qui puisse l'aider à exprimer et à surmonter ce qui était indicible auparavant.

Quand elle est prête à faire face à la souffrance du passé, il n'est ni sain ni approprié de parler à n'importe qui, même si la famille et les amis peuvent jouer un rôle dans le processus de guérison. Il est important qu'elle cherche quelqu'un de compétent et qualifié pour ce travail ; sans quoi il est possible que l'aidant inexpérimenté aggrave les dégâts au cours de ce processus.

Comment une aide psychologique peut-elle m'aider dans mes relations ?

En plus de la dépression, de l'anxiété et des symptômes post-traumatiques, les relations peuvent devenir si conflictuelles ou distendues que le point de vue et la participation d'un tiers sont nécessaires. De telles situations peuvent être écrasantes pour le système de soutien de la veuve, amis et famille. Une fois encore, une aide professionnelle s'impose. Dans de tels cas, chercher une aide psychologique est vraiment la chose responsable à faire pour continuer à agir sainement au sein de la famille comme au travail.

Quel type de thérapeute est le plus adapté à mon cas ?[3]

La confusion qui entoure la recherche d'un bon thérapeute peut déjà provenir, pour une part, des titres.

- En France, pour avoir le titre de psychiatre il faut être titulaire du diplôme d'état de docteur en médecine avec la spécialité psychiatrie. Cela représente 10 années d'études. La psychiatrie est la spécialité médicale qui s'intéresse au diagnostic, à la prévention et aux traitements des maladies mentales. En fonction du diagnostic, le psychiatre traite lui-même la maladie mentale ou coordonne le traitement à donner à son patient. Il peut proposer une psychothérapie, des médicaments ou encore différentes techniques de neurostimulation. Aux États-Unis (et probablement en France - ce point n'a pas pu être vérifié) ce sont les médecins généralistes qui prescrivent l'écrasante majorité des antidépresseurs. Je préfère recommander de consulter un psychiatre si la prise d'un médicament est nécessaire : en tant que spécialistes, la finesse de leur analyse peut faire toute la différence dans la prescription du bon médicament.
- Aux États-Unis, un psychologue (ayant le titre de PhD ou PsyD) a un doctorat en psychologie. (NDT : En France, le niveau d'étude requis est un Master 2, qui implique la réalisation d'un mémoire professionnel et de recherche et de stages annuels professionnalisants). Ils sont spécialisés dans les diverses méthodes de thérapie et de tests psychologiques. Puisqu'ils n'ont pas suivi d'études médicales, les psychologues ne prescrivent pas de médicaments, mais ils peuvent le cas échéant adresser leur patient à un psychiatre.

====================================
- NOTE COMPARATIVE FRANCE / ÉTATS-UNIS
====================================

Il existe aux États-Unis en matière de santé mentale un certain nombre de diplômes complémentaires à ceux documentés ci-dessus (psychiatres et psychologues). On trouve donc aux États-Unis des conseillers en santé mentale capable de traiter beaucoup de problèmes psychologiques individuels, familiaux ou matrimoniaux. Certains sont spécialisés dans des domaines particuliers (famille et mariage, environnement humain et relations sociales).

Les paragraphes ci-dessous repérés par une mention géographique

---

3   NDT Ce chapitre initialement rédigé pour les États-Unis a été revu lors de la traduction pour être adapté à la France, où les titres ne reflètent pas forcément les mêmes niveaux d'études ni les mêmes pratiques, et où les règles de sécurité sociale diffèrent. Nous avons parfois conservé à titre de comparaison les passages concernant les États-Unis qui nous paraissaient pertinents.

entourée des signes ** concerne la région en question.
Les paragraphes repérés par ** AUX ÉTATS-UNIS ** sont traduits du livre américain, alors que la présente note est un ajout du traducteur.
** EN FRANCE **, on ne trouve aucun diplôme équivalent. Afin de permettre à chacun de s'orienter efficacement, le gouvernement a mis en place le Psycom, qui est la ressource publique nationale d'information de référence en matière de santé mentale. On trouve notamment sur ce site une page sur « Les professionnels de la santé mentale »[4]. Par rapport au contexte du présent livre, les professions suivantes pourraient s'avérer utiles :

[ASSISTANT DE SERVICE SOCIAL] Peut aider à y voir clair dans un certain nombre de démarches (logement, travail, ressources financières)

[MÉDIATEUR DE SANTÉ PAIR] Fonction accessible par une licence spécialisée, qui « après avoir vécu un trouble psychique et s'être rétabli ... [va pouvoir utiliser] ses connaissances et son expérience personnelle du rétablissement pour aider ses pairs. Ayant pris du recul par rapport à sa propre histoire, il ou elle est en position de soutenir d'autres personnes.

[PAIR AIDANT] fonction accessible par des études dont la durée et le contenu peuvent varier. « Un pair-aidant ou une paire-aidante est une personne qui a choisi de s'investir dans l'entraide en santé mentale, après un parcours personnel lui ayant permis de se rétablir. »

[PSYCHOTHÉRAPEUTE] fonction nécessitant à la fois un diplôme initial (de médecine, psychologie ou psychanalyse) et une formation complémentaire en psychopathologie. Le psychothérapeute a donc une légitimité au niveau des études, mais la psychothérapie regroupe un grand nombre de pratiques diverses ; il faut donc bien se renseigner.

[PSYCHOPRATICIEN] dénomination qui n'est pas réglementée. Les professionnels qui l'utilisent ont généralement suivi une formation à une méthode de thérapie dans un institut privé qui n'est pas reconnu par l'État. Ils peuvent être spécialisés dans une méthode et être accrédités ou non par une fédération.

[THÉRAPEUTE] n'est qu'un mot du langage courant qui ne correspond à aucun diplôme ni à aucune compétence précise.

- ** AUX ÉTATS-UNIS ** Les « Licensed Mental Health Counselors » (LMHC, LCPC) sont des conseillers agréés en santé mentale titulaires d'une maîtrise en psychologie et de trois mille heures d'expérience après la maîtrise. Ces thérapeutes

---

[4] https://www.psycom.org/comprendre/le-retablissement/les-professionnels-de-la-sante-mentale/#mediateur-de-sante-pair-msp-60450957d9ba7

peuvent diagnostiquer et traiter un large éventail de problèmes tels que la dépression, l'anxiété, les troubles bipolaires, le trouble de stress post-traumatique (TSPT), les violences sexuelles, les troubles déficitaires de l'attention (avec ou sans hyperactivité), le deuil, les impulsions suicidaires, la dépendance et la toxicomanie, la gestion du stress, les problèmes d'estime de soi, la santé émotionnelle ou encore les problèmes familiaux, parentaux et maritaux. Ils peuvent traiter des individus, des couples ou des familles. Ils ne prescrivent pas de médicaments, mais ils peuvent adresser le patient à un psychiatre.

- ** AUX ÉTATS-UNIS ** Les « Licensed Marriage and Family Therapists » (LMFT) sont des thérapeutes titulaires d'une maîtrise en psychologie et d'une expérience après la maîtrise similaire à celle des « Licensed Mental Health Counselors », mais possédant une formation plus spécialisée sur les questions relatives au mariage et à la famille. Ils peuvent également traiter tous les problèmes énumérés ci-dessus.
- ** AUX ÉTATS-UNIS ** Des travailleurs sociaux agréés (MSW, LCSW) sont également titulaires d'une maîtrise en travail social et ont une expérience après la maîtrise. Leur domaine de spécialisation consiste à fournir à leurs clients une aide psychologique et sur le plan du fonctionnement social. Ces travailleurs sociaux peuvent également traiter les questions thérapeutiques énumérés ci-dessus. En outre, leur formation spécifique leur permet de fournir des conseils et des soutiens appropriés pour aider une personne à mieux fonctionner dans son environnement humain et dans ses relations sociales.
- ** AUX ÉTATS-UNIS ** Les conseillers pastoraux (avec les abréviations : Rev., M Div, ou le titre de « Pastor » pour Pasteur) sont habituellement des ministres agréés ou ordonnés qui ont également une formation en conseil. Ils s'appuieront principalement sur les principes Bibliques, la formation et l'accompagnement spirituels et l'amélioration des relations humaines. Il est important de noter que, selon la façon ou l'endroit où le pasteur a été ordonné, ils n'ont peut-être pas été tenus d'avoir une formation au conseil. Il est dangereux de supposer que juste parce que quelqu'un est un pasteur, ils le sont équipé pour vous conseiller dans les domaines de la santé mentale.

- ** EN FRANCE ** Il est rare en France qu'un pasteur ou un responsable d'assemblée locale ait reçu une formation spécifique sur ces sujets. En revanche, un certain nombre d'associations ou organismes chrétiens proposent des parcours de « relation d'aide ». Les remarques ci-dessus concernant la formation ou l'ordination s'appliquent aussi pour la France.
** ÉTATS-UNIS ** >>> NOTE <<<

Les États ont des titres agréés comparables mais peuvent utiliser des dénominations et des abréviations différentes et intégrer des caractéristiques différentes. Par exemple, un « Licensed Mental Health Counselor » (LMHC) dans l'État de Washington est comparable à un Licensed Clinical Professional Counselor » (LCPC) dans l'État de l'Illinois, mais il peut y avoir quelques caractéristiques différentes. N'hésitez pas à demander des éclaircissements sur les initiales ou le diplôme des professionnels auxquels vous prévoyez de faire appel.

Comment puis-je savoir que j'ai trouvé le thérapeute qui me conviendra ?

Pour tenter de répondre à certaines de ces préoccupations, je vais vous raconter comment j'ai trouvé mon propre thérapeute. Oui, les thérapeutes ont aussi besoin de thérapeutes ! Nous avons tous des blessures dans la vie. Plus ma guérison sera profonde, mieux je pourrais exercer mon métier de thérapeute. Être passée par ce processus me donne également de l'empathie pour mes clients qui sont en train de le vivre.

Voici les choses que je considérais comme importantes lorsque je cherchais un thérapeute :

- **Prise en charge** : Elle figure sur les listes de professionnels agréés par mon assurance santé.
- **Compétences** : Elle a étudié dans une université renommée et possède une bonne expérience.
- **Croyance** : Certains principes moraux sont pour moi non négociables. Je ne voulais pas avoir à me débattre avec ces problèmes pendant la thérapie ; il me fallait quelqu'un qui partage ces fondements avec moi et qui puisse donc mieux me conseiller. Puisque ma foi guide mes décisions, le choix d'un thérapeute qui soit aussi chrétien était LE point le plus important pour moi.
- **Compassion** : Elle devait être une personne pleine d'attention. C'était également un point essentiel pour moi. Si je ne ressentais pas une réelle attention de la part de la thérapeute, j'irais ailleurs.
- **Relation** : Nous devions pouvoir sympathiser. Cela rend la thérapie tellement plus agréable.
- **Cohérence** : Elle est digne de confiance, fiable. Je sais à quoi m'attendre lorsque je me rends à la thérapie.
- **Aspects pratiques** : Son bureau est à environ une demi-heure de trajet. J'étais prête à parcourir cette distance pour avoir un bon thérapeute.

Trouver un bon thérapeute m'a été d'un grand profit dans ma vie. Trouver un thérapeute qui vous convienne peut être difficile ; j'espère que ces quelques réflexions vous y aideront. En tant que thérapeute, je sais que j'ai chaque jour l'occasion de changer des vies ! Cela peut être lent et progressif, comme pour des attelles ;

ou bien cela peut être décisif et immédiat, comme pour la chirurgie cardiaque ; Ou encore cela peut nécessiter un travail acharné et persévérant sur le long terme, comme pour la rééducation.

Il faut du courage pour démarrer une thérapie. Souvent, nous allons rencontrer de la résistance en nous-mêmes et de la part des autres. Cela est prévisible et tout à fait normal. Mais le jeu en vaut la chandelle car de tels changements dans votre vie peuvent s'avérer profonds, permanents et enrichissants non seulement pour vous-mêmes mais aussi pour vos proches. Et même une seule vie changée peut infléchir le cours des événements pour les générations futures !

Bibliographie (en anglais)

Anne Sullivan Biography. s.d. http://www.biography.com/people/anne-sullivan-9498826#teaching-helen-keller (consulté le 20 avril 2014).

Harriet Tubman Biography. s.d. http://www.biography.com/people/harriet-tubman-9511430 (consulté le 31 octobre 2014).

Helen Keller Biography. s.d. http://www.biography.com/people/helen-keller-9361967#synopsis (consulté le 20 avril 2014).

Helen Keller Foundation (Fondation Helen Keller). S.d. https://helenkellerfoundation.org/helen-keller/ (consulté le 29 avril 2014).

Henry, Matthew. *La « Blue Letter Bible », commentaire de Matthew Henry.* s.d. https://www.blueletterbible.org/Comm/mhc/%20Rev/Rev_002.cfm (consulté le 31 octobre 2014).

Holmes, Leonard. *How the "Widowhood Effect" Puts Widows at Risk After a Spouse's Death. (Comment l'« Effet Veuvage » met les veuves en danger après le décès d'un conjoint.* s.d. http://www.verywellmind.com (consulté le 21 octobre 2020).

Keller, Helen. *The Story of My Life (L'histoire de ma vie).* s.d. https://www.afb.org/about-afb/history/online-library/story-my-life (consulté le 10 mars 2021).

Liddell, Eric. *The Eric Liddell Centre.* S.d. http://www.ericliddell.org/ericlidell/home (consulté le 31 octobre 2014).

Lucado, Max. *God Thinks You're Wonderful (Dieu pense que tu es merveilleux).* Nashville : Thomas Nelson, 2003.

Woll, Mary Beth; Meier, MD, Paul. *Growing Stronger: 12 Guidelines to Turn Your Darkest Hour into Your Greatest Victory. (Devenir plus forte : 12 recommandations pour transformer votre heure la plus sombre en votre plus grande victoire)* New York : Morgan James Publishing, 2015.

Wright, Rolland. *The Widows Project: Serving the Widowed with the Father's Heart (Au service des veufs et des veuves avec le cœur du Père).* Everett : The Widows Project, 2019.

À propos des auteurs

Mary Beth Woll, titulaire d'une maîtrise et conseillère agréée en santé mentale

Mary Beth Woll a été mariée à Bob pendant près de 39 ans avant que le Seigneur ne le rappelle à Lui. Bob et Mary Beth ont exercé ensemble un ministère musical pendant vingt ans. Ils ont quatre enfants et huit petits-enfants. Mary Beth possède une maîtrise en psychologie et travaille comme thérapeute aux cliniques Meier. Elle est également co-auteure d'un livre avec Paul Meier, M.D., « *Growing Stronger: 12 Guidelines to Turn Your Darkest Hour into your Greatest Victory.* » *(Devenir plus forte : 12 recommandations pour transformer votre heure la plus sombre en votre plus grande victoire)*

Linda Smith

Linda Smith a été mariée à Kirby pendant 37 ans ; elle a deux enfants et six petits-enfants. Elle a reçu une formation à la fois chrétienne et laïque. Elle a enseigné à tous les groupes d'âge et a dirigé plusieurs groupes d'accompagnement des veuves depuis qu'elle est elle-même devenue veuve en 2013.

Paul Meier, docteur en médecine

Paul Meier est psychiatre et fondateur de la chaîne des cliniques Meier aux États-Unis. Il est également l'auteur de plus de 90 livres qui ont été vendu à plus de sept millions d'exemplaires dans plus de 30 langues. www.meierclinics.com

Prière générationnelle
Marque-page

Père bien-aimé,
Nous Te prions de bénir les générations à venir. Nous prions pour qu'elles Te connaissent dès leur plus jeune âge. Nous Te prions pour qu'elles T'aiment et Te servent tous les jours de leur vie. Nous Te prions pour qu'elles croissent en sagesse, en stature et en grâce devant Dieu et devant les hommes, tout comme Jésus.

Nous Te prions pour qu'elles racontent à la génération qui suivra Tes actions glorieuses, Ta puissance et les choses magnifiques que Tu as faites. Nous Te prions pour qu'elles racontent Tes exploits à leurs enfants pour que ceux de la génération future les connaissent. Des fils naîtront, ils se dresseront et les rediront à leurs enfants. Nous Te prions pour qu'ils mettent leur confiance en Toi et qu'ils n'oublient pas Tes œuvres et qu'ils observent Tes commandements.

Nous prions pour que, lorsqu'ils seront exposés aux épreuves de la vie, ils se souviennent que les souffrances du temps présent ne sauraient être comparées à la gloire à venir qui sera révélée pour eux. Nous Te prions pour qu'ils Te louent à nos côtés dans les Cieux pour la façon dont Tu nous as soutenues pendant tout le temps où nous étions transformées de gloire en gloire. Et nous Te prions pour qu'ils ne viennent jamais seuls au Ciel mais que, par la foi en Christ, ils y amènent avec eux des myriades de gens.
    Au nom de Jésus, Amen.

www.ingramcontent.com/pod-product-compliance
Lightning Source LLC
Chambersburg PA
CBHW070915080526
44589CB00013B/1298